U0909614

山西省建设文化强省“长治杯”竞赛重点社科课题

分工、比较优势与文化产业发展

冯子标　焦斌龙　著

商　务　印　书　馆
2007年·北京

图书在版编目(CIP)数据

分工、比较优势与文化产业发展/冯子标,焦斌龙著.—北京:商务印书馆,2005
ISBN 7-100-04795-1

Ⅰ.分… Ⅱ.①冯…②焦… Ⅲ.文化—产业—研究—中国 Ⅳ.G124

中国版本图书馆CIP数据核字(2005)第136562号

FĒNGŌNG BǏJIÀO YŌUSHÌ YǓ WÉNHUÀ CHǍNYÈ FĀZHǍN
分工、比较优势与文化产业发展
冯子标 焦斌龙 著

商 务 印 书 馆 出 版
(北京王府井大街36号 邮政编码 100710)
商 务 印 书 馆 发 行
北京瑞古冠中印刷厂印刷
ISBN 7-100-04795-1/F·600

2005年12月第1版 开本850×1168 1/32
2007年7月北京第2次印刷 印张8⅞
印数4 000册

定价:20.00元

目　录

第三篇 比较优势与文化产业发展模式

第四篇　我国文化产业发展之路

前　言

《分工、比较优势与文化产业发展》是在我们承担的山西省建设文化强省“长治杯”竞赛重点社科课题的同名研究报告基础上修订而成的，是一本从经济学角度解读文化产业的理论著作。

1947 年，当法兰克福学派著名学者霍克海默（M. Horkheimer）与阿多诺（Theodor Adorno）首次提出文化产业（又称文化工业）概念后，文化产业理论就正式诞生了。继法兰克福学派之后，西方文化产业理论基本形成了以伯明翰学派为代表的文化产业基础理论研究和 20 世纪 80 年代兴起的文化产业应用理论研究两个派别，尤其是后者在近年来得到长足发展。其间，虽然个别学者也尝试对文化产业进行经济学与管理学角度的解释，如约翰·费斯克把文化经济作为区别于金融经济的特殊现象进行经济学解释，查尔斯·兰蒂（Charles Landry）将“价值生产链分析法”引入文化产业的应用研究，安迪·C.普拉特将文化产业生产体系视为一个包括内容的创意、生产输入、再生产和交易四个部分的生产链等。但是，整体观察，无论是对文化产业持批判态度的法兰克福学派，还是持肯定态度的伯明翰学派都将文化产业放在文化学、哲学的视野中进行研究，而且集中于产业化形式对文化本身的影响，对文化作为一种产业的产生及其发展规律研究则很少涉及。

新奇的是，与理论界对文化产业经济属性研究不足形成鲜明对比的，是现实中文化产业经济属性日益突显。文化产业作为一种独立产业的属性在频繁而强大的经济活动中得到了充分的展示。据有关资料显示，2000 年，美国文化产业的产值占 GDP 的 12%，英国文化产业产值占 GDP 的 10%，日本文化产业产值占 GDP 的 18.6%，意大利则高达 25%。1995 年日本娱乐业经营收入已经超过日本汽车工业产值。2000 年，美国电影、电视和音像出版等出口总收入已达 700 亿美元，成为美国出口创汇仅次于航天业的第二大产业。文化产业被更多的国家视为支柱产业，更多的人将文化产业认作 21 世纪的朝阳产业和黄金产业。

尽管我国刚刚步入工业化中期阶段，还缺乏作为“后工业化”时代和休闲社会产物的文化产业成长的肥沃土壤，但是，文化产业在国际产业分工地位的上升，无疑为我国带来了走出“比较优势陷阱”、抢占国际产业分工有利地位的契机。而促进我国文化产业的快速、健康、跨越式发展，抢占国际产业分工“前沿阵地”，不仅需要理论界从哲学、历史、文化角度研究文化产业，更需要对文化产业进行经济学研究，剖析其内在机理、产业特性及其基本规律，为我国文化产业发展提供智力和理论支持。

山西省文化产业研究中心正是肩负着这样的历史使命成立的，它是山西省为贯彻十六大关于大力发展文化产业的精神，实施建设文化强省战略，在研究机制上创新的产物。“中心”依托山西省唯一的财经类院校——山西财经大学，充分发挥财经类院校经济学研究的优势，以中国人民大学著名经济学家卫兴华教授为顾问，经济学家冯子标教授为主任，集结了一批多年来从事经济学、统计学、数学、管理学的学者，将研究特色定位于运用经济学理论对文化产业进行解读，建立文化产业的经济学理论，为山西省文化强省战略的实施提供智力和理论支持。“中心”2003年成立以来，已经完成了山西省社科规划办项目“山西省文化产业综合评价指标体系及评价方法研究”和“山西省文化资源评估指标体系及评估方法研究”，正在进行国家社会科学基金课题“促进文化产业快速健康发展问题研究”、山西省软科学课题“山西省文化产业发展战略研究”、山西省发改委全国招标课题“山西省发展文化产业促进产业结构调整研究”，以及山西省社科规划办“绵山文化产业发展案例研究”、“山西省发展文化产业的战略目标和战略步骤研究”、“文化特色区域文化产业发展研究”等课题的研究。

2004年，中共山西省委宣传部为促进文化强省建设，将竞赛机制引入社科研究，与山西省长治市联合举办了山西省建设文化强省“长治杯”重点社科课题竞赛活动。我们以“分工、比较优势与文化产业发展”为题参与了竞赛。经过一年的辛劳，完成了研究报告，并在研究报告基础上撰成本书。

与国内外相关著作相比，本书的一个显著特点在于从经济学基础理论层面解读文化产业，将经济学理论中著名的分工理论和比较优势理论引入对文化产业的研究。首先运用分工理论分析文化产业兴起的逻辑，然后通过历史考察，论证了社会分工演进与文化产业兴起的内在联系，得出文化产业的兴起是社会分工演进结果的结论。在此基础上，运用以分工理论为基础的比较优势理论分析文化产业发展战略，指出可以从要素禀赋、生产技术与生产方式、创新能力和经济发展水平等方面培育文化产业发展的比较优势，美国、欧洲、韩国基本上代表了当前文化产业发展的三种基本模式，即资本主导型、资源依托型和产业政策推动型。一方面我们应该利用当前国际文化产业分工格局正在形成过程之中的机遇，利用我国比较优势大力发展本国文化产业，抢占产业分工的有利地位；另一方面，我们不能够过于强调比较优势，防止陷入“比较优势陷阱”。最后，通过对我国文化产业发展面临的工业化、信息化和全球化多重压力的分析，运用比较优势理论,提出了我国发展文化产业的比较优势为丰富的文化资源和强劲的文化消费需求,进而提出了我国文化产业发展应该走以资源为依托的需求导向型模式以及实施这一模式的配套政策。

然而,作为主要从事经济学研究的学者,由于知识和研究领域的限制,我们对文化产业的产业属性强调有加,而对文化产业文化属性的认识存在不足,甚至可能存在许多片面的认识。这也正是本书的不足所在,希望读者、专家批评指正。

作　者

2005 年 6 月于太原

第一篇 文化产业:概念变迁与理论发展

文化产业作为人类社会的一种活动至今已经有几百年的历史,但是作为一个理论范畴及理论体系则是20世纪才出现的,并且,随着社会的发展,其内涵和外延发生了很大的变化。本篇从对文化的产业属性的挖掘出发,通过对文化产业概念变迁的考察,提出本书对文化产业概念的理解。同时,在对国内外文化产业理论进行评述基础上,提出本书的研究角度。

第一章　文化的产业属性

正如开篇所言，文化产业作为人类社会的一种活动至今已经有几百年的历史，但是，直至20世纪50年代阿多诺和霍克海默首次提出文化产业（文化工业）概念后，理论界才认识到文化的产业属性。在我国，人们对文化的产业属性的认识是伴随文化产业实践的发展而逐步形成的。

我国的文化产业于20世纪80年代初才悄然兴起。在过去的20多年中，在经济持续健康发展的同时，我国的文化产业呈蓬勃发展态势。据有关资料显示，截至2001年底，文化部门主管的文化娱乐业、音像分销业、演出经纪与代理业、艺术品经营等门类的产业单位有22.3万个，从业人员近92万人，固定资产达468亿元，年上缴税金20.2亿元，创增加值118.9亿元。社会力量兴办的文化产业发展更为迅速。1990年社会力量兴办的文化产业在总量上远远小于文化系统，而到2001年，仅文化娱乐业方面，社会力量兴办的机构总数和从业人员总数就已达文化系统的4.4倍以上，所创增加值4.1倍以上。据统计，中国传媒业已成为继电子信息、制造业、烟草业之后的第四税利产业。正因为如此,朱镕基总理在2002年《政府工作报告》中指出,要将“大力发展文化产业”确定为解决我国经济发展的结构性矛盾和体制障碍的重要战略措施。江泽民同志在十六大报告中,首次将文化事业和文化产业这两个概念分别提出,并号召努力促进文化产业的发展。

因此,在理论界存在这样一种认识:似乎“文化”在此之前是一种非经济的意识形态,是一种“事业”而非产业,只是由于市场经济的发展,人民生活水平的提高,人们对文化的需求出现了多元化的趋势,文化才增添了产业属性。笔者认为,这完全是一种对人类历史缺乏全面了解的误解。

什么叫文化?《辞海》和《辞源》的解释是一样的:“文化:①人类在历史发展过程中所创造的物质财富和精神财富的总和,特指精神财富,如文学、艺术、教育、科学等。②考古学用词,指同一历史时期的不依分布地点为转移的遗迹、遗物的综合体。同样的工具、用具,同样的制造技术等,是同一文化的特征。如仰韶文化,龙山文化。③指运用文字的能力及其一般知识水平。”这就不难理解了,既然文化是“人类在历史发展过程中所创造的物质财富和精神财富的总和”,那么,“文化”就同时具有物质和精神双重属性,是物质和精神一体化的表现形式。

马克思的历史唯物论认为，物质资料生产和再生产是人类赖以生存和发展的基础。能否进行物质资料生产和再生产，是在地球上的生命世界中的人类区别于一切动物的根本标志。人猿相区别之处就在于人能制造工具，能劳动，能进行物质资料生产，而猿不会制造工具，不会劳动，不能进行物质资料生产。会不会制造工具，能不能劳动和进行物质资料生产，这一点特别重要，它具有深远和广阔的意义。马克思说："动物只生产它自己，它和它的生命活动是直接同一的，而人则是再生产整个自然界。动物只是按照它所属的那个物种的尺度和需求来塑造，而人则按照任何物种的尺度来进行生产，并且随时随地都能用内在固有的尺度来衡量对象。有意识的生产活动直接把人同动物的生命活动区别开来。"① 有意识的生产活动始于那块最原始和最粗笨的打制石头，准确点讲，始于那块打制的"最粗笨的刀石"。这一刀石的打制，不仅开始了人类创造自己生命形态的文明史，也说明这块"最粗笨的刀石"既是经济的（产业的），也是文化的。说它是经济的，是因为以它为工具生产出了满足人类的生存和发展需求的物质财富。说它是文化的，因为它是人类智慧外化的一种形式，它承载着人类对生命对象的理

① 马克思：《1844 年经济学哲学手稿》，人民出版社 1979 年版，第 50 页。

解和思考,记载着思想、感情的过程,记载着“有意识的生产过程”的全过程。因此,人类的一切经济(产业)活动都是文化产业,都具有文化意义,而一切文化活动本身一开始就内蕴着经济(产业)的因子。当然,经济也内蕴着文化因子。正是从这个意义上讲,文化和经济同时存在或融化于人的生命行为和生命存在方式之中,你中有我,我中有你,从而形成了初始形态的文化经济共同体,即经济文化一体化。

然而,为何长期以来人们总是习惯于把文化看做非经济的,或者说距离生产较远的纯意识形态的“事业”呢?这是人类进行有意识的生产过程中,产业分化和劳动分工发展到一定阶段而又前进动力不足,以及同时出现阶级统治的一种必然现象。

人类“再生产整个自然界”过程由低到高,从野蛮向文明发展,以工具为标志,经历了石器时代、铜器时代、铁器时代、蒸汽机时代、电气时代、计算机时代等。与此相适应的物质资料生产的生产方式,也依狩猎、游牧、农耕、手工作坊、机械化、电器化、计算机智能化次序发展。为什么会由低到高和依序发展呢?其推动力是产业分化和劳动分工。分工是社会发展和经济增长的源泉,人类自从走出石器野蛮期进入文明期后,游牧走向定居,农牧分离,随着农耕的发展,手工业从农牧业中分离出来。历史发展到此,不仅物质财富得到迅速增长,更重要的是出现了脑力劳动和体力劳动分离。体力劳动直接从事物质资料生产,而脑力劳动则用图像或文字把物质资料生产过程以及以此为基础的其他相关活动过程生动展开和各种各样的信息记载其中,并梳理其成功经验和失败教训以及探索在物质资料生产过程中出现的疑难问题。前者创造物质财富,后者创造精神财富。从这时起,集物质财富和精神财富为一体的文化出现了分离,文化更多的指精神财富,经济更多指物质财富。这种分离本来是有利于文化与社会发展的,然而,由于劳动分工不足,在脑体分离过程中出现了阶级对立与阶级统治。阶级对立和阶级统治经历从原始社会解体到奴隶社会,再到封建社会的漫长历史过程,使主要从事文化生产的脑力劳动逐步成了统治阶级和附属于它的知识分子的专利,而被统治阶级只能从事体力劳动。由于阶级统治的影响,作为劳动分工结果的文化与经济的分离表现为阶级对立和不同的社会等级。文化的产业属性(经济)逐步被淡化,意识形态属性(狭义的文化)得到强化。不仅如此,在阶级统治下,由于统治阶级掌握着统治工具,导引着社会舆论,出于精神统治的需要,统治阶级将文化转变为相对独立的上层建筑,成为其控制人民思想、实施统治的工具,与经济相对立。同时,对物质财富的追求和物质生产的发展使人们将经济发展集中于物质生产领域,文化淡出经济领域,成为纯粹的意识形态,文化与经济的一体关系被彻底割断。

这种对文化与经济一体关系的割裂，在人类历史中延续了几千年，而且占据着统治地位。被公认为上一个千年最伟大思想家的马克思，在对资本主义的研究中也将研究的重心放在物质生产上，而认为与文化生产紧密相联的非物质生产部门是“微不足道的，因此可以完全置之不理”[①]。1848年，他在《共产党宣言》中高度赞扬了被列为“文化”的科学技术的伟大作用。他这样写道：“资产阶级争得自己的阶级统治地位还不到一百年，它所创造的生产力比过去世世代代总共创造的生产力还要大，还要多。自然力的征服，机器的采用，化学在农业中的作用，轮船的行驶，铁路的通行，电报的往返，大陆一洲一洲的垦殖，河川的通航，仿佛用法术从地底下呼唤出来的大量人口，——试问在过去哪一个世纪能够料想到竟有这样大的生产力潜伏在社会劳动里面呢？”[②] 以上的描述，一方面是马克思对第一次产业革命后的科学技术对社会经济发展伟大贡献的歌颂；另一方面，也说明了资本主义催化劳动分工进一步发展，把劳动生产率提到了空前未有的高度。然而，马克思在《资本论》中却讲道，劳动生产率的提高必然促使资本有机构成的提高，这是资本主义

---

① 马克思：《剩余价值理论》第1册，人民出版社1979年版，第443页。

② 《马克思恩格斯全集》第4卷，人民出版社1958年版，第471页。

生产方式发展的必然趋势。资本有机构成的不断提高，使得资本对劳动力的需求相对减少；劳动力对资本供给却伴随着劳动生产率的提高而绝对增加了。劳动与资本之间的力量对比不断向着有利于资本的一方倾斜。随着劳动生产率的不断提高，工人的工资在新创造的价值中所占的比重在下降，而资本家榨取的剩余价值的比重却在不断提高。因此，资本主义的生产过程，在资产阶级一方是财富的积累，而在无产阶级一方是贫困在积累。这就是有名的"资本主义积累的一般规律"。这一规律深刻地刻画出资本主义经济发展的内在规律，但它的逻辑前提是，只有直接进行物质资料生产的劳动才是创造价值的生产劳动，其他一切劳动包括生产过程中的经营管理都是不创造价值的非生产劳动，它们不在马克思的考察范围，被马克思抽象掉了。

马克思作出这样的结论与他所处的时代有直接关系。马克思所处的时代情况是产业革命后机器生产代替了手工作坊式的生产，机械化不仅使工业本身产生了革命，农业也机械化了。社会产业分工只有农业和工业，还尚未有第三产业。即使有少量的服务劳动，也是非生产劳动，不创造价值。工农业机械化生产程度越高，劳动生产率就越高，给资产阶级带来的剩余价值和超额剩余价值就越多；与此同时，机器排挤工人，失业大军增大，加重了工人阶级整体贫困化的程度。马克思根据当时的情况,将非物质生产部门,特别是文化的产业属性抽象掉,着重研究物质生产,在当时是合理的。但是,随着时代向电气和计算机时代发展,第三产业奇迹般地出现并获得迅猛发展和广泛的认同。原来被看做非生产劳动不创造价值的商业、医疗卫生业、教育业、科技业、新闻出版业、广播影视业、音像业、文化娱乐业、文化旅游业、体育业、文化艺术业、艺术品业等都登上了创造价值的第三产业殿堂,与第一、第二产业并驾于产业链上。时代在发展,历史在前进。此后,广告、会展、咨询、信息网络、金融、统计、会计、律师、经纪中介等等也都先后加盟了第三产业。在这里,除了商业和金融的界定模糊一点以外,其余全都是文化产业。完全可以说,第三产业是以文化产业为主体的第三产业。在许多西方发达国家,第三产业的产值比重都超过第一、第二产业而居首位,以文化产业为主体的第三产业的发展程度成了后工业社会即现代社会的重要标志。另一方面,如果说,资本积累在第一、第二产业制造着相对剩余劳动力的话,那么第三产业的发展就制造着吸收他们的手段。历史进入后工业社会即现代社会后,西方资本主义国家的就业率一直比较稳定。同时,第三产业的发展使工人的收入不断增加,成了有产业的白领阶层。在美国,近48%的家庭拥有股票,近68%的家庭拥有基金。其中许多人是靠第三产业发家成为白领的。在人类进入21世纪之后,文化产业已经成为新世纪的朝阳产业。文化的产业属性越来越显著，先进文化带动先进生产力的发展，先进生产力中蕴含着先进文化，文化与经济的一体化性质得到恢复。

综观历史的发展，文化与经济的关系走了一个否定之否定的过程，并在全新的意义与层面上形成了文化与经济一体化，这是文化与经济的历史学。文化与经济的发展的全部历史证明，文化与经济的关系是同构互动关系。正是这种关系促使经济的发展，特别是现代经济的发展，不断地向文化领域全方位交叉拓展和交叉生长，致使经济现象中的文化含量日益突出；反过来，文化现象中的经济含量也日益增多，并使一切关于知识文化的创造获得财产和财富的认同。以文化的经济价值作为追求目标的产业——文化产业，朝阳升起，大展宏图。

文化的产业属性回归到人类的初始期。

第二章　文化产业概念界定

文化的产业属性在现代社会的凸现催生了文化产业理论的兴起，但是，文化产业作为一个标准的理论范畴，至今还没有一个公认的界定。本章试图通过考察文化产业概念的形成和发展，提出我们对文化产业概念和性质的理解。

第一节　文化产业概念的形成与发展

理论范畴的出现是以社会实践为基础的。正如前文所述，经济与文化的关系经历了一个否定之否定的过程。随着工业化革命的完成，“后工业化”时代的来临，文化的产业（经济）属性和产业（经济）的文化属性强烈地表现出来，并直接催生了一系列与之对应的新兴产业部门。正是在这样的背景下，诞生了专门用以描述文化的产业属性的概念和理论——文化产业。

文化产业概念和理论的发展经历了从理论到实践的历程。1947年，法兰克福学派的阿多诺（Theodor Adorno）与霍克海默（M. Horkheimer）首次提出文化产业概念时是站在批判立场的，对文化产业持否定态度，并引发了关于大众文化的长期争论。他们认为："文化产业是指生产领域中广为人知的商品逻辑和工具理性，在消费领域同样引人注目。闲暇消遣、艺术作品与一般意义上的文化，为文化产业所过滤；随着文化的高雅目标与价值屈从于生产过程与市场的逻辑，交换价值开始主宰人们对文化的接受。高雅文化所奋力追求的最佳产物，如家庭与私人生活的传统结合形式、幸福与满足的允诺、对完全不同的他者的渴望等，让位于孤立的、受人操纵的大众。而正是这样的大众，参与着具有最低共同点的可替代性的大众商品文化。"① 尽管同为法兰克福学派的德国著名学者瓦尔特·本雅明(Walter Benjamin)对此观点持否定态度。他在《机械复制时代的艺术》一书中指出，艺术和技术的进步为民主和解放提供了机会，艺术品的复制可以把艺术从宗教仪式的古老传统中解放出来。但是，在20世纪三四十年代，阿多诺和霍克海默的观点成为主流，本雅明的观点被视为异类。直至进入20世纪七八十年代，英国寻求用文化重新界定商业产业，并通过实用艺术和商业的结合刺激和促进城市的实践，才使被阿多诺赋予否定色彩的文化产业开始获得了新的、积极的意义，本雅明的观点也从"另类"走向了认识和实践的中心，尽管这种实践

① 霍克海默、阿多诺：《启蒙辩证法》，重庆出版社1990年版，第10页。

事实上已经不是本雅明的理想主义,而是世俗的商业主义。20世纪80年代后期,文化产业从理论的争论全面走向实践层面。文化产业成为城市竞争力、地方经济发展、就业与社会发展中的重要组成部分。1998年4月,有150个政府代表参加的国际会议上同意把文化纳入经济决策中的因素。在1999年10月召开的意大利佛罗伦萨会议上,世界银行提出,文化是经济发展的重要组成部分,文化也将是世界经济运作方式与条件的重要因素。澳大利亚昆士兰技术大学创意产业研究和应用中心主任斯图亚特·坎宁安教授将文化产业概念之演变简洁地划分为四个阶段:20世纪30至40年代法兰克福学派的否定性观点;20世纪70至80年代重新用文化来界定已成型的商业产业;撒切尔时期城市重建等实用艺术的实践,以及后来新古典主义经济学对艺术的应用。[①]

从当前文化产业理论的发展看,关于文化产业概念的界定分为两个层面:一种是学术界的界定,一种是各国政府从本国实际出发进行的界定,尤其是给出了明确的文化产业具体领域的划分。下面分别给予介绍和分析,并提出我们理解的文化产业概念。

一、学术界的界定

---

① 斯图亚特·坎宁安:"从文化产业到创意产业:理论、产业和政策的含义",转引自林拓等:《世界文化产业发展前沿报告(2003—2004)》,社会科学文献出版社2004年版,第138页。

英国曼彻斯特大学大众文化研究所执行主任贾斯廷·奥康纳在“欧洲的文化产业和文化政策”一文中指出:“文化产业是指以经营符号性商品为主的那些活动,这些商品的基本经济价值源自它们的文化价值……它首先包括了我们称之为‘传统的’文化产业——广播、电视、出版、唱片、设计、建筑、新媒体和‘传统艺术’——艺术、手工业、剧院、音乐厅、音乐会、演出、博物馆和画廊,所有这些作为‘艺术’的活动都有资格获得公共赞助。”① 奥康纳是从文化产业所经营的内容角度来定义文化产业的,抓住了文化产业的本质,但是,这在一定程度上容易使人们将文化产业与内容产业混同起来。另外,奥康纳抓住了文化产业是一种活动的基本特征,从而使其定义显得更为规范。

英国著名媒体理论家尼古拉斯·加纳姆(Nicholas Garnham)则认为:“文化产业指那些使用同类生产和组织模式如工业化的大企业的社会机构,这些机构生产和传播文化产品和文化服务。如报纸、期刊和书籍的出版部门、影像公司、音乐出版部门、商业性体育机构,等等。”② 显然,加纳姆是从工业化、规模化角度来定义文化产业的,

---

① 贾斯廷·奥康纳:“欧洲的文化产业和文化政策”,转引自林拓等:《世界文化产业发展前沿报告(2003—2004)》,社会科学文献出版社 2004 年版,第 11—12 页。

② 苑捷:“当代西方文化产业理论研究概述”,《马克思主义与现实》2004 年第 1 期。

以作为产业的组织形式为标准来确定文化产业的外延和内涵。其缺陷首先在于其似乎过于强调了文化产业的产业外在形式，虽然他也指出了文化产业机构生产和传播文化产品及服务，但对文化产业的内在特征强调不足。其次，加纳姆将文化产业视为一系列的工业化机构，显然只注意到了工业化和产业化的表象——机器大工业，而没有抓住产业化的实质——产业链条和市场化。

安迪·C.普拉特（Andy C. Pratt）博士认为，文化产业这一概念与以文化形式出现的材料生产中所牵涉的各种活动有联系（这些文化形式如电影、电视、戏剧、音乐及美术）。他把其分类法叫做文化产业生产体系。这一文化产业生产体系包括：内容的创意、生产输入、再生产和交易四部分。它的巨大价值所在就是包括了文化产业的整个生产链，而不仅仅是艺术家。这样一种分类隐含着对构成创新产业的单一活动间的相互依赖性的承认，从而为战略分析提供了更为合理的基本依据。① 普拉特对文化产业的理解显然比较深刻，他真正抓住了作为产业的核心要素——产业链，并以此为依据来定义文化产业，提出了文化产业生产体系，把握了文化产业的实质。其不足之处在于不够全面，只侧重于纵向角度考察文化产业

① 安迪·C.普拉特："文化产业：英国与日本就业的跨国比较"，转引自林拓等：《世界文化产业发展前沿报告（2003—2004）》，社会科学文献出版社2004年版，第6页。

的产业链条，而没有给出一个关于文化产业外延的横向角度的明确划分，而这恰恰是制约当前文化产业理论研究的重要因素。

澳大利亚麦觉里大学（Macquarie University）经济学教授、前国际文化经济学会主席大卫·索斯比（David Throsby）在《经济与文化》一书中用一个同心圆来界定文化产业的行业范畴。按照索斯比的划分，音乐、舞蹈、戏剧、文学、视觉艺术、工艺等创造性艺术处于这一同心圆的核心，并向外辐射。环绕这一核心的是那些既具有上述文化产业的特征，同时也生产其他非文化性商品与服务的行业，包括电影、电视、广播、报刊和书籍等。处于这一同心圆最外围的则是那些有时候具有文化内容的行业，包括建筑、广告、观光等。[①] 显然，索斯比这一划分可以使我们对文化产业的行业范围有一个比较清楚的认识，其划分法也成为当前比较具有权威性的划分。

芬兰的芮佳莉娜·罗马在“以盎格鲁—萨克逊方式解读文化产业”一文中，通过对理论界关于对阿多诺文化产业批判理论存在缺点批判的总结，在修正索斯比文化产业环状模型的基础上，提出了文化产业的金字塔模型（如图2—1）。他认为，文化产业有双重含义，包括文化的产

① 苑捷：“当代西方文化产业理论研究概述”，《马克思主义与现实》2004年第1期。

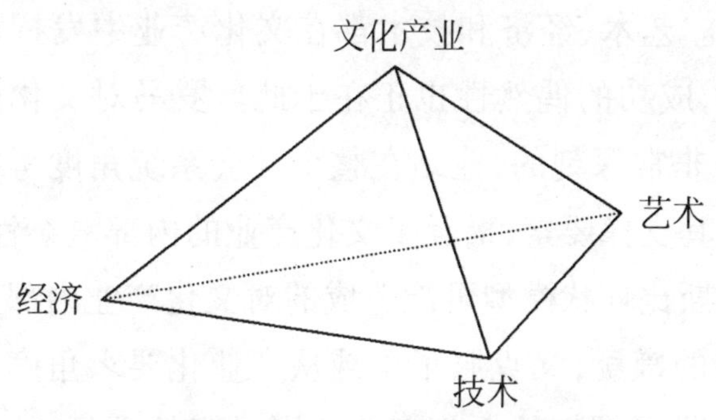

图 2—1　文化产业的金字塔模型

资料来源:芮佳莉娜·罗马:“以盎格鲁—萨克逊方式解读文化产业”,转引自林拓等:《世界文化产业发展前沿报告(2003—2004)》,社会科学文献出版社 2004 年版,第 189 页。

业化和产业的文化化。文化产业形成于不同势力组成的一种环境中,哪一种势力会成为主导力量并不具有预先确定性。在金字塔模型中,文化产业处于金字塔的顶端,处于塔底的是由经济、技术和艺术组成的三角,这个三角支撑了文化产业。当一件产品通过技术被生产出来并且在商业上有利可图,它可能就具有文化产业的性质。如金字塔模型中文化产业、经济和技术组成的三角。当一种产品通过技术生产出来却在商业上无利可图,但它有艺术上的创新,这种产品也可能具有文化产业的性质。如金字塔模型中的文化产业、艺术和技术组成的三角。即使一件产品不存在技术方面(再生产),但却比如说是一种流行的独特现场表演,那么它也可能具有文化产业的特性。如金字塔模型中的文化产业、艺术和经济组成的三角。艺术、经济和技术都在文化产业中发挥着不同的作用,成功的偶然性也正在于此。罗马对文化产业的理解是非常深刻的,他站在整个社会系统角度考察文化产业及其支撑要素,揭示了文化产业的内部复杂性,既克服了索斯比环状模型可能造成的对文化产业内部行业划分等级的嫌疑,又克服了单纯从产业化要求角度划分文化产业范围带来的文化产业范围过窄的不足,从而较好地阐释了文化产业的复数形式。

我国学者谢名家是从精神生产角度定义文化产业的,他认为:“文化产业就其本质而言,就是以人类脑力劳动为基础的精神生产力发展的形态。它通过精神文化产品生产和再生产的规模化、商品化、信息化方式,使精神文化产品生产多样化、精神文化服务市场化。其外延包括教育、科技、信息、文艺、新闻、出版、设计、策划、咨询、决策等等,涵盖了文化财产(书籍、音像制品、设计策划方案、软件等)、文化设备(各种硬件)和文化载体(报刊杂志、发射机、接受器)等三个方面。”① 这一定义从与物质生产对应的角度定义文化产业,体现了文化产业作为“后工业化”时代产物的历史本质,抓住了文化产业基础的文化消费层次变化的这一时代特征和文化产业的市场化特点,但是,单纯从文化消费层面定义文化产业又过于狭

① 谢名家等:《文化产业的时代审视》,人民出版社 2002 年版,第 6 页。

隘，作为产业的文化产业应该具有更加广泛的内容。

《中国文化产业蓝皮书》作为我国第一部全面介绍和分析我国文化产业发展态势的年度报告，在其2002年出版之初就对文化产业概念进行了界定和分析。蓝皮书指出，就所提供产品的性质而言，文化产业可以被理解为向消费者提供精神产品或服务的行业；就其经济过程的性质而言，文化产业可以被定义为“按照工业化标准生产、再生产、存储以及分配文化产品和服务的一系列活动”，进而认为，现代文化产业实际上是一个巨大的“产业群”，它们建立于大规模复制技术之上，履行最广泛传播的功能，经商业动机的刺激和经济链条的中介，迅速向传统文化艺术的原创和保存两个基本环节渗透：将原创变成资源开发，将保存变成展示，并将整个过程奠定在现代知识产权之上。具体可以分为文化产业的主体或核心行业：文化娱乐业、新闻出版业、广播影视、音像、网络及计算机服务、旅游和教育。前沿文化产业：文学、戏剧、音乐、美术、摄影、电影电视创作，甚至工业与建筑设计，以及艺术博物馆、图书馆。拓展的文化产业：广告业和咨询业。[①]正如此书作者所言，从产业范围而言，这一分类事实上是一个“中等”的文化产业概念，而且作为年度报告，考虑到

---

① 江蓝生等：《中国文化产业蓝皮书》，社会科学文献出版社2002年版，第2—3页。

与传统文化产业管理部门的配合和操作的便利，在分类时将其与文化部、新闻出版总署、国家广电总局、信息产业部、国家旅游局等部门的业务保持一致。显然，这种侧重于操作实践的文化产业分类在理论科学性方面存在不足。如对于产业的文化化，即文化辐射到传统产业使其侧重于文化经营的部分，就不在这一定义的分类范围中。另一方面，出于建立一个全国文化产业交流平台的需要，蓝皮书也不便于给出一个过于准确的文化产业定义，而是给出了一个相对宽松的文化产业的理解，从提供的产品性质角度和经济过程的性质多角度进行考察。

上海社科院花建教授在其代表作《产业界面的文化之舞》一书中认为，文化产业应该具有以下三个特征：(1)文化产业必须是提供文化产品和文化服务的大规模商业运作，通过市场化和产业化的组织形态，进行可持续的简单再生产和扩大再生产；(2)文化产业必须以追求利润最大化的企业为核心，在提升企业竞争力的过程中，不断提高文化生产和经营的效益；(3)文化产业的主体是一条以企业为主的协作链条，把不同的参与者连接起来：艺术家、经纪人、生产商、销售商等，使文化价值转变为商业价值，又以商业价值的实现过程促成了文化价值的传播。这样，花建将文化产业概括为：以生产和经营文化产品和文化服务为主要业务，以创造利润为核心，以文化企业为骨干，以文化价值转变为商业价值的协作关系为纽带，所组成的社会生产的基本组织结构。[①] 可以看出，花建对文化产业的理解更多侧重于文化产业的产业属性，所以强调商业运作、企业主体和产业链条等产业特征。这一定义无疑对于当前深化认识文化产业的属性具有推动作用，但是，显然这一定义过于强调文化产业的产业属性，而忽视了对文化产业特征的重视。作为一个定义不能够仅仅强调文化产业是一种产业，而是要强调这一产业区别于其他产业的本质特征。虽然在花建的定义中，也指出了文化产业要以生产和经营文化产品及文化服务为主要业务，要以文化企业为核心，要以文化价值转变为商业价值为纽带等文化产业区别于其他产业的特征，但是，似乎在这里仅仅表示一种限定，而不是本质的规定性。另一方面，花建将文化产业视为一种社会生产的基本组织结构，虽然强调了文化产业的产业结构、产业链条等产业联系，但却忽视了一个基本的常识，即产业本质上是一种生产活动。用产业联系去定义产业本身事实上犯了自我定义的逻辑错误。正是这种错误导致了花建在对文化产业分类时，侧重于将社会中的各类组织划分到文化制造业、文化销售业和文化服务业中，而不是对产业活动本身

① 转引自叶朗主编：《中国文化产业年度发展报告（2003）》，北京大学出版社 2003 年版，第 25 页。

进行分类。

叶朗在其主编的《中国文化产业年度发展报告(2003)》中将文化产业定义为:“文化产业是由市场化的行为主体实施的、以满足人们的精神文化需求为目的而提供文化产品或文化服务的大规模商业活动的集合。”并进一步指出,创意是文化产业的核心要素,由此核心向外辐射形成文化产业集,辐射的半径由创意形成的产品或服务到达文化产品和文化服务的最终消费者的路径决定,它取决于特定社会发展阶段和特定功能需求。据此,将文化产业划分为纸质传媒业、影音传媒业、网络传媒业、广告产业、旅游产业、艺术产业、教育产业、体育产业八类。此定义指出了文化产业的精神文化需求导向和作为一种集合的特性,比较恰当地抓住了文化产业的特征,但是,它忽视了产业的内在联系,不能够从定义中看出文化产业内部各行业的联系。

中国社会科学院文化研究中心的张晓明研究员认为,文化产业是现代社会以工业化的方式生产文化符号以满足精神消费需要的产业;以文化符号的积累、生产、交换和消费为主线,按照产业发展链条的不同环节,可以将其区分为“文化意义本身的生产与再生产”、“负载文化意义的产品的复制与传播”以及“赋予一切生产活动和产品以文化标记”三重圆圈,从而构成现代文化产业群的整体面貌。即文化产业包括产业基础层、核心产业层和延伸产业层。[①] 这一定义相对比较标准,既体现了文化产业的产业特性(即工业化方式),又体现了该产业的历史使命(即满足人们的精神消费需要),还体现了其特殊性(即不是生产具体物质产品,而是文化符号,其他物质产品仅仅是文化符号的载体)。与一般物质产品不同,文化产品的消费不是消费物质载体,而是消费文化符号。但是,它仅仅指出了文化产业作为独立产业的特殊性,而没有将其产业内涵体现出来。

二、各国政府的界定[②]

由于文化产业在理论界还缺乏一个统一的定义,导致各国在文化产业实践中往往根据本国经济与社会的需要和基本情况,给出不同的文化产业的概念和行业划分。

1.联合国教科文组织关于文化产业的定义和行业范围

联合国教科文组织认为,文化产业是"按照工业标准生产、再生产、存储以及分配文化产品和服务的一系列活动,采取经济战略,其目标是追求经济利益而不是单纯为了促进文化发展"。并在 1980 年召开的蒙特利尔专家会

① 张晓明:"当代文化产业及加入 WTO 对中国文化产业的影响",叶取源等主编:《中国文化产业评论》第 1 卷,上海人民出版社 2003 年版,第 43—44 页。

② 此部分内容部分转引自米子川:"开明时代的文化盛宴",载申维辰主编:《评价文化:文化资源评估与文化产业评价研究》,山西教育出版社 2004 年版。

议上对文化产业产生的条件进行了说明:“一般来说,文化产业形成的条件是,文化产品和服务在产业和商业流水线上被生产、再生产、存储或者分销,也就是说,规模庞大并且同时配合着基于经济考虑而非任何文化考虑的策略。”①

按照联合国教科文组织对文化产业的定义和多次会议的归纳,文化产业至少应包括以下行业:印刷、出版和多媒体,视听、唱片和电影的生产,以及工艺和设计。此外在一些国家还包括建筑、视觉和表演艺术、体育、乐器的制作、广告和文化旅游等。② 将这一范围与联合国 1986 年制定、1993 年修订的文化统计相比可以看出:在文化统计中,文化部门包括文化遗产、出版印刷业和著作文献、音乐、表演艺术、视觉艺术、音频媒体、视听媒体、社会文化活动、体育和游戏、环境和自然十大类。并且每一部门分别划分为资源投入、活动过程、产出等活动环节,建立了包含反映以创作和生产、传播和发布、接受和消费以及各项活动规模和参与为内容的文化统计指标,从而形成了文化统计框架矩阵。尽管文化统计已经具有衡量文化产业发展程度的功能,如通过各项文化活动投入产出的

① 转引自林拓等:《世界文化产业发展前沿报告(2003—2004)》,社会科学文献出版社 2004 年版,第 188 页。

② 参见联合国教科文组织网站:http://www.unesco.org/culture/industries/。

比较可以衡量其经济效益和产业化程度等，但是，由于文化产业更侧重于经济考虑，而不是文化考虑，所以联合国教科文组织的文化产业范围还是要远远小于文化统计的范围。根据联合国第三次修订的国际标准产业分类，文化产业包括表2—1所示内容。

表2—1 国际标准产业分类（第三版）中关于文化产业的统计范围

文化内容发展	2211 书籍、说明书、音乐书和其他相关资料的出版 2212 报纸、杂志和期刊的出版 2213 音像制品出版 2219 其他出版 7220 软件咨询和供应 7430 广告业 7494 摄影活动 9213 广播和电视活动 9214 戏剧艺术、音乐和其他艺术活动 9220 新闻机构活动
文化产品的制造	3210 电子管和其他电子元件制造 3220 电视广播发射器和电话机装置的制造 3230 电视广播接收器、磁带、录像机装置和附件的制造 3320 光学仪器和摄影仪器的制造 3692 乐器的制造
文化内容的翻印和传播	2221 印刷业 2222 与印刷业有关的服务活动 2230 录制媒体的再生产 9211 电影和录像的制造与发行 9212 电影放映
文化交流	9219 其他娱乐业 9231 图书馆和档案活动 9232 博物馆活动、历史遗迹和建筑物的保护

资料来源：米子川："开明时代的文化盛宴"，载申维辰主编：《评价文化：文化资源评估与文化产业评价研究》，山西教育出版社2004年版。

2.澳大利亚关于文化产业的定义和统计范围

澳大利亚统计局以实用的具体活动为基础确定文化和休闲产业的定义,认为文化和休闲活动是以娱乐、放松和消遣活动,视觉、音乐、写作、动感和戏剧等形式的艺术表现,体育运动技能的应用、训练和开发,文化内容或精神价值的创造、发展、保存和传播,以及为促进和推动上述各项活动而开展的相关活动,以从事文化和休闲活动为目的的行业、产品和服务归为文化和休闲产业。

根据这一定义,文化、休闲产业包括:(1)文化遗产和古迹,如博物馆、自然遗产和保护、图书和档案馆等;(2)艺术活动,如文学作品的创作、出版和印刷,表演艺术、音乐创作和出版,广播、电视和电影等;(3)体育和娱乐活动;(4)餐饮业;(5)文化产品的制造和销售;(6)文化休闲设施建筑。

澳大利亚统计局在现有统计分类的基础上,分别从行业、产品和职业三个角度对文化和休闲活动进行分类,反映文化和休闲活动的生产、支出和就业规模,形成澳大利亚文化和休闲分类体系。其中:(1)文化和休闲活动行业分类包括文化遗产古迹、艺术、体育和娱乐活动、其他文化和休闲 4 个大类、22 个中类和 75 个小类;(2)文化和休闲产品分类包括 26 个大类和 227 个小类;(3)文化和休闲职业分类具体包括从事文化和休闲活动的经理和管理人员、专业人员、助理专业人员、相关的服务人员和工人等9个大类、159个具体职业。如表2—2所示。

表2—2 澳大利亚文化和休闲活动的行业和产品范围

文化和休闲活动的行业	文化和休闲活动的产品和服务
1 遗产古迹	01 遗产古迹服务
11 博物馆、古董和珍藏的物品	02 艺术家和艺术教育服务
12 环境遗产	03 书籍、杂志、报纸和其他印刷品
13 图书馆和档案馆	04 视听设备和相关维修服务
2 艺术	05 音频和视频媒体
21 文学作品和印刷出版媒体	06 用于录制、复制声音或图像的设备
22 表演艺术	07 信息提供服务
23 音乐创作和出版	08 照相服务
24 视觉的艺术和手工艺术	09 录像和电影摄像、艺术作品
25 设计	10 建筑、设计和广告服务
26 广播、电视和电影	11 乐器和其他表演艺术设备
27 其他艺术	12 表演艺术和其他生活娱乐活动
3 体育和娱乐活动	13 动物饲养
31 赛马和赛狗	14 体育和娱乐服务
32 体育和娱乐比赛场馆	15 用于娱乐表演和体育运动的设备器材
33 体育和活动的娱乐服务	16 用于体育、娱乐和野营的设备
34 体育和活动的娱乐产品制造和销售	17 体育和娱乐工具
4 其他文化及休闲	18 娱乐和休闲服务
41 博彩业	19 玩具、游戏和露天场所的娱乐活动
42 游乐业	20 食品和饮料服务
43 娱乐款待	21 社团服务
44 户外休闲	22 户外娱乐服务
45 社区和社会组织	23 照相设备
46 其他的文化和休闲服务	24 文化或休闲产品的租借服务
47 文化和休闲设施建筑	25 其他文化和休闲服务
48 其他文化和休闲产品的制造和销售	26 文化、休闲场所和设施

资料来源：米子川："开明时代的文化盛宴"，载申维辰主编：《评价文化：文化资源评估与文化产业评价研究》，山西教育出版社2004年版。

3.芬兰文化产业委员会关于文化产业的定义

芬兰文化产业委员会把文化产业确定为一个伞状概念,从广义到狭义作了如下四个层面的定义,包含不同的文化内涵和范围,服务于不同政策目标的需求。

第一,文化产业是指以文化价值或文化意义为基础的生产活动,这是关于文化产业最综合、最广泛的定义。它包括所有具有文化价值的产品生产,如服装和各种品牌、商标的产品生产,娱乐活动和所有可交换的商品等。这一定义容易让人得出“每一事物都是文化产业”的结论。但是,它有助于人们更好地理解社会文化氛围、社会进步的文化基础,对于增强公众的文化意识具有十分重要的意义。

第二,文化产业是指艺术创作、传统的和现代的艺术作品、艺术展览和文化传播活动。根据这一定义,文化产业具体包括文学作品、造型艺术、音乐、建筑艺术、戏剧、舞蹈、摄影、电影、设计、媒体艺术和其他形式的艺术创作,以及书籍、报纸和杂志、录制或印刷形式音乐的出版发行、节目制作、画廊、艺术交流、图书馆、博物馆、广播电视等艺术和文化系统的生产、销售和传播活动。通过这一定义,可以为艺术和文化机构活动提供指导方针和行动建议。

第三,文化产业是指与商业运作、听众和观众规模以及文化和艺术作品的传播扩大能力有关的商业活动,具体包括电影、广播电视、出版活动、音乐行业和文艺作品的创作活动。它强调电子产品的作用,以文化和艺术作品的传播扩大能力为标准对文化产业下定义。这也是欧盟对文化产业活动领域的传统观点。据此标准统计,1995年欧盟成员国中有300万人在文化部门中就业,占总就业人口的2%。

第四,文化产业即指文化企业,把文化和艺术的创作看做是企业的行为,这是文化产业最狭义的定义。在芬兰文化产业委员会的工作中,这一定义很重要,它强调了文化产业对经济与就业的直接影响。

芬兰统计局围绕第三和第四种较狭义的概念开展文化统计工作,收集文化和艺术活动的筹集资金状况、劳动市场、文化企业情况等方面统计数据。

4.加拿大文化产业范围

加拿大统计局以联合国教科文组织文化统计框架为基础,设立文化统计项目,制定本国文化产业统计框架,着重收集文化产业对经济影响、就业状况、国际贸易、投资和消费情况等方面的统计数据,并开展相应的研究工作。

具体在北美产业分类(NAICS)中,加拿大文化部门主要是指信息和文化产业(51)以及艺术、娱乐和消遣行业(71)两大类。如表2—3所示。

表 2—3 加拿大从北美标准产业分类中划分出的文化产业范围

编码	行业	编码	行业
51	信息和文化产业	5181	英特网服务提供者、网络搜寻入口
511	出版业(不包括英特网)		
5111	报纸、期刊、书籍和数据库出版者	5182	数据处理和相关的服务
		519	其他信息服务
5112	软件出版者	5191	其他信息服务
512	电影和录音业	71	艺术、娱乐和消遣
5121	电影、电视和录像制作、发行	711	表演的艺术、体育比赛和相关的行业
5122	录音制作和发行		
515	广播(不包括英特网)	7111	表演艺术公司
5151	电视广播	7112	体育比赛
5152	付费的和专业的电视	7113	表演艺术、体育和类似事件的发起者
516	英特网出版和广播		
5161	英特网出版和广播	7114	艺术家、运动员、演艺人员和其他公众人物的代理人和经理
517	电讯业		
5171	有线电讯	7115	独立的艺术家、作家和表演者
5172	无线电讯(不包括人造卫星)	712	古迹遗产机构
5173	电讯转售商	7121	古迹遗产机构
5174	人造卫星电讯	713	游乐、赌博和娱乐业
5175	电缆和其他节目传播	7131	娱乐园和娱乐厅
5179	其他电讯	7132	博彩业
518	英特网服务提供者,网络搜寻入口和数据处理服务	7139	其他娱乐和消遣业

资料来源:米子川:"开明时代的文化盛宴",载申维辰主编:《评价文化:文化资源评估与文化产业评价研究》,山西教育出版社 2004 年版。

5.英国关于文化产业的定义和统计范围①

文化产业在英国被称为创意产业,这一范畴是由英

① 参见安迪·C.普拉特:"文化产业:英国与日本就业的跨国比较",载林拓等主编:《世界文化产业发展前沿报告(2003—2004)》,社会科学文献出版社 2004 年版,第 210 页。

国创意产业特别工作组首次提出，并被政府采纳。它是指“源于个体创造力、技能和才华的活动，而通过知识产权的生成和取用，这些活动可以发挥创造财富和就业的潜力”。主要由出版、音乐、表演艺术、电影、电视和广播、软件、广告、建筑、设计、艺术品和古董交易市场、手工艺品以及时装设计等行业组成。2001年3月，英国国务大臣克里斯·史密斯指出，创意产业对知识经济和国民财富的重要性得到了广泛认同，创意产业已经从外围进入中心。具体从英国标准产业分类中可以总结出关于文化产业的分类，如表2—4所示。

表2—4　英国标准产业中关于文化产业的分类

编码	行业	编码	行业
内容创意		再生产	
22.11	书的出版	22.21	报纸的印刷
22.12	报纸的出版	22.22	在其他未分类地方的印刷
22.13	杂志与期刊的出版	22.23	装订和完成
22.14	录音资料的出版	22.24	作品与图版制作
22.15	其他出版	22.25	其他与印刷相关的活动
72.2	软件顾问及提供	22.31	录音材料的再生产
74.4	广告制作	22.32	音像制品的再生产
74.81	摄影活动	22.33	计算机媒体的再生产
92.2	电台及电视活动	92.12	电影和音像销售
92.31	艺术及文学创作和翻译	92.13	电影放映
92.4	新闻通讯社服务	交易	
生产输出		52.45	家用电器和收音机电视商品的零售
26.64	摄像化学材料的生产		
29.55	纸与卡纸的生产机器的生产	52.47	书、报纸盒文具的零售
32.1	电子管、显像管和其他电子器件的生产	92.32	艺术设施的操作
		92.51	与图书馆和档案有关的活动

（续表）

32.3	电视和电台接收器、录音及音像设备生产	92.52	博物馆活动和历史遗迹及建筑的保存
33.4	光学仪器和摄像设备的生产		
36.3	乐器的生产		
51.43	电器设备和收音机电视的批发		
92.11	电影和录像的销售		

资料来源：米子川："开明时代的文化盛宴"，载申维辰主编：《评价文化：文化资源评估与文化产业评价研究》，山西教育出版社2004年版。

6.日本关于文化产业的分类①

日本对文化产业的界定是"与余暇相关联的服务行业中，包括属于服务部门领域中的电影业、演出业、广播业、其他娱乐业、宗教……"。日本将文化产业视为一个生产体系，从内容创意、生产输入、再生产和交易四个方面对文化产业进行了分类。在日本标准产业分类中，关于文化产业的分类如下表2—5所示。

表2—5 日本标准产业中关于文化产业的分类

编码	行业	编码	行业
内容创意		生产输入	
1913	报纸	3043	电台和电视接收
7432	商业摄影	3044	电子音频
7631	剧院	3049	各种通讯设备和有关产品
7632	乐队演奏处和舞蹈公司	325	显微镜和望远镜、照相机和部件、光学透镜
7639	各样的剧院公司		
8011	电影与音像制作	3421	钢琴

① 参见安迪·C.普拉特："文化产业：英国与日本就业的跨国比较"，载林拓等主编：《世界文化产业发展前沿报告（2003—2004）》，社会科学文献出版社2004年版，第212页。

（续表）

8111	公共宣传	3422	吉他
8121	电视宣传	3429	各种乐器、部件及材料
8122	电台宣传	7991	舞台用品出租
8129	各种私家宣传	再生产	
8131	有线电视广播	7433	胶卷冲洗和修整
8211	常有软件服务	7431	摄影室，商业摄影除外
8212	软件包装服务	7992	音频和视频录制租金额，除了被分类的
8231	新闻企业联合		
8311	广告代理	8012	电影和视频销售
8471	撰稿人	8021	电影和音频服务
8472	艺术家	8391	户外广告服务
8495	商业艺术和绘图设计	8399	广告服务
8481	分类私人培训场所，除了被分类的	交易	
		5482	家用器皿商店，电器除外
生产输入		5941	书店
1911	报纸（用自己的新闻用纸印刷设备）	5942	报亭
		5953	乐器店
1912	报纸（用自己的普通用纸印刷设备）	7611	电影剧院
		7621	合法剧院
1921	出版业	7622	演出
1931	出版业，油印除外	768	各种娱乐和消遣设施、台球室、日本象棋娱乐室、麻将俱乐部、弹子球娱乐厅
1941	印刷图版制作		
1951	装订		
1952	印刷品	9182	图书馆
1991	印刷生意相关的服务性行业	9183	博物馆和艺术馆
3041	通讯设备		
3042	电台通讯设备		

资料来源：米子川：“开明时代的文化盛宴”，载申维辰主编：《评价文化：文化资源评估与文化产业评价研究》，山西教育出版社 2004 年版。

7.美国有关研究机构关于文化产业的定义

美国南卡罗莱纳州艺术委员会和南卡罗莱纳州大学摩尔商学院在研究文化产业对该州经济影响时认为，文化产业主要包括三个方面：(1)文化遗产古迹和艺术创作,具体为博物馆、历史古迹和公园、图书馆和艺术创作活动;(2)艺术表演和展览活动,以艺术表演者和表演团体、艺术展览和电影拍摄为主要活动内容;(3)艺术家,如手工艺者以及在国际舞台上表演的艺术家。文化产业是以这三个方面的活动为主体,开展相关的文化产品销售和服务等商业经济活动。

8.我国关于文化产业的界定和范围

我国官方较早对文化产业范围的界定是由全国政协与文化部所组成的文化产业联合调查组给出的。他们2001年对国内二省一直辖市所属九个市进行了实地考察,在总结各省情况的基础上,对文化产业作了如下的界定:“文化产业是指从事文化产品生产和提供文化服务的经营性行业。文化产业是文化建设的重要组成部分,有关文化产业和公益事业两者共同构成了文化建设的内容。”调查组在对三省(直辖市)九市进行调研后初步认为文化产业主要包括文化艺术、文化出版、广播影视、文化旅游四个领域,具体行业的划分尚待进一步研究。

2001年文化部发布的《文化产业发展第十个五年计划纲要》(文政法[2001]44号)指出:“本纲要所称文化产业,是指文化部门所管理和指导的从事文化产品生产和提供文化服务的经营性行业,主要包括文艺演出业、影视业、音像业、文化娱乐业、文化旅游业、艺术培训业和艺术品业等。

2003年文化部颁布的《文化部关于支持和促进文化产业发展的若干意见》(文产发[2003]38号)中将文化产业界定为:“文化产业是指从事文化产品生产和提供文化服务的经营性行业。文化产业是与文化事业相对应的概念,两者都是社会主义文化建设的重要组成部分……目前,文化产业已形成演出业、影视业、音像业、文化娱乐业、文化旅游业、网络文化业、图书报刊业、文物和艺术品业以及艺术培训业等行业门类。”

2002年中宣部、文化部等部委联合国家统计局开展了我国文化产业统计指标体系的课题研究,2004年由国家统计局颁布的文化产业统计指标体系对我国的文化产业进行了比较明确的界定。课题组将文化产业定义为:“从事文化产品的生产、流通和提供文化服务的经营性活动的行业总称。其特征是以产业作为手段来发展文化事业,以文化为资源来进行生产,向社会提供文化产品和服务,目的是为了满足人民群众日益增长的精神文化生活需要。”并进一步明确了指标体系的研究范围为:与人民群众文化娱乐生活最直接相关的文化艺术、音像图书、报刊杂志、新闻出版、广播影视、文物博览、娱乐休闲等活动,以及与之有关的文化产品的生产、流通和传播领域。课题组将所界定的文化产业范围按最新的《国民经济行业分类 GB/T 4754-2002》的标准(这一标准已于2002年10月正式实施),从文化产品的生产、流通和服务三个环节来构造我国文化产业的行业结构。其结构如下表2—6所示:这一统计指标体系已经开始运行,并从2003年开始实施文化产业统计制度。因此,这一界定应该属于我国的国家标准。

综上所述,目前在国际社会研究中关于文化产业没有一个严格的定义,由于国情和文化背景的差别,各国对文化产业的内涵有不同的理解和认识,加上因研究目的不同,确定的文化产业概念和统计范围宽窄也不一,差别较大。比如,澳大利亚、日本、英国关于文化产业的口径范围相对宽泛些,而联合国教科文组织和加拿大文化产业的口径范围相对较窄些。争论的焦点在于:一是范围应多大,是以传统文化为主,还是应包括现代文化?二是产业链应多长,是否应该包括从创作到制造、销售、服务整个经济活动链。尽管国际社会关于文化产业定义和统计范围还存有争议,但在文化产业统计范围的总体框架上,形成了基本共识,认为文化产业是以文化遗产古迹、文化艺术和休闲娱乐为主体而引发的一系列生产、销售和服务活动的产业群。借鉴国外的经验,我们认为,一国政府在确定文化产业概念和统计范围时,应注意以下几点:

1.要服务于文化政策目标和研究目的的需要,应根据制定政策的具体需要建立文化产业统计框架。文化产业的口径范围不是固定不变的,可以根据不同需要来制定。

2.应以国家标准产业分类、标准产品分类为基础建立文化产业统计口径范围,这是开展文化产业分析研究的前提。如果没有一个较详细的国家标准产业分类和产品分类体系,文化产业统计工作将是很困难的。

3.要尽量按国际一般惯例确定文化产业概念和范围,增强国际可比性,同时还要考虑到我国的国情,满足文化产业发展的需要。

表 2—6 中国文化产业统计范围

1.新闻出版业	2.文化艺术业	其他文化艺术业(9090)(包括史料、史志征集活动;艺术品、收藏品鉴定活动;街头文化宣传活动,如报刊橱窗等)
新闻业(8810)	文艺创作与表演(9010)	
图书出版业(8821)	文艺表演场馆(9020)	3.广播、电视、电影和音像业
报纸出版业(8822)	图书馆(9031)	
期刊出版业(8823)	档案馆(9032)	广播(8910)
音像制品出版业(8824)	文物及文化保护(9040)	电视(8920)
电子出版物出版业(8825)	博物馆(9050)	电影制作与发行(8931)
其他出版业(8829)(包括单张地图、印刷画、宣传画、明信片、贺年卡、表格、图片等出版)	烈士陵园、纪念馆(9060)	电影放映(8932)
	群众文化活动(9070)	音像制作(8940)
	文化艺术经纪代理(9080)	4.文化产品印刷和记录媒介复制业

（续表）

书、报、刊印刷业(2311)	工艺美术品制造业(421)	其他文化用品零售(6549)
本册印制(2312)	6.文化用品批发零售业	7.文化信息传输服务业
包装装潢及其他印刷(2319)	文具用品批发业(6341)	互联网信息服务(6020)
装订及其他印刷服务活动(2320)	图书批发业(6343)	有线广播电视传输服务(6031)
	报刊批发业(6344)	
记录媒介的复制业(2330)(包括录音、录像、数据磁带的复制;软盘、硬盘的复制;光盘的复制;非定制软件的复制;电影胶片的复制)	音像制品及电子出版物批发(6345)	无线广播电视传输服务(6032)
	首饰、工艺品及收藏品批发(6346)	卫星传输服务(6040)
		8.文化社会娱乐服务业
5. 文化用品制造业	其他文化用品批发(6349)	室内娱乐活动(9210)
文化用品制造业(241)(包括文具制造、笔的制造、教学用模型及教具制造、墨水、墨汁制造,其他文化用品制造如画夹、画架、打印色带及类似制品的制造)	文具用品零售(6541)	游乐园(9220)
	图书零售(6543)	休闲健身娱乐活动(9230)
	报刊零售(6544)	其他娱乐活动(9290)(包括各种形式的彩票活动;公园、海滩和旅游景点内小型设施的娱乐活动等)
乐器制造业(243)	音像制品及电子出版物零售(6545)	
玩具制造业(2440)	珠宝首饰零售(6546)	摄影扩印服务(8280)
游艺器材及娱乐用品制造业(245)	工艺美术品及收藏品零售(6547)	图书、音像制品出租(7321)

资料来源:米子川:“开明时代的文化盛宴”,载申维辰主编:《评价文化:文化资源评估与文化产业评价研究》,山西教育出版社 2004 年版。

三、我们的文化产业概念

从上文关于学术界和政府对文化产业概念的界定和范围划分可以看出，至今并没有一个被人们普遍认同的界定。学者们基本是依据各自的研究或者工作的需要，而提出自己对文化产业的理解。

在我们看来，文化产业首先是对具有某种相同特征的一系列活动的统称。从活动层面界定文化产业，既从本质上把握了文化产业的基本特征，也将我们经常见到的把文化产业作为一系列行业统称的界定方法排除在合理的文化产业概念之外。我们不能够用行业去解释产业，行业和产业都是对具有某种相同特征的一系列活动的统称，二者并没有严格的范围大小与包含和被包含关系。

其次，文化产业是一种特殊的产业。其特殊性就在于它不是着眼于人们的物质需求，而是以满足人们的精神文化需求为目标。生产物质文化产品是因为这些物质产品是其精神内涵的必要载体。另外，其特殊性还在于，它跨越服务业和第二产业，既生产文化物质产品，也提供文化服务。

第三，文化产业是与文化事业对应的一个概念。文化产业与文化事业是文化建设的两翼，二者同为提供文化产品或服务，但其出发点、目标、运行机制及投资主体均有所不同。发展文化事业以丰富广大人民群众的精神文化生活、提高文化生活质量为主要目标,它为社会提供公益性的文化产品与服务,居民对它的消费是无偿的或收费极低(收入一般不够补偿其成本)的。文化事业的运行机制为非市场化的,投资主体是政府、集体或社会赞助。而文化产业的功能是开发、发掘或引导人民群众潜在的文化产品与服务的消费市场,有偿为人们提供恰当的文化产品或服务,其目的从客观上讲是为满足人民大众不断升级的消费结构与消费需求,但主观上讲主要还是为获取可观的经营利润,其运行机制是市场化的,投资主体是多元化的。文化事业和文化产业的划分在国外主要是针对它们所提供的文化产品生产和文化服务的性质进行的。公益性的归政府,经营性的给市场,介于二者之间的由非盈利性组织完成。一般而言,经营性的属于文化产业,公益性的和非盈利性组织承担的部分属于文化事业。虽然,文化产业与文化事业并非对立关系,且二者有很强的相互促进作用,文化事业在一定条件下也可以转化为文化产业,也需要借用产业化的手段实施,但是,二者毕竟是两个不同的概念,在概念的内涵和外延方面有严格的界线,二者是对应的两个概念。

第四,文化产业中的文化是介于广义文化和狭义文化的中文化。文化有广义文化和狭义文化之分,狭义文化仅指主要与艺术相关的领域,它包括绘画、音乐、戏剧、文学、艺术、出版物等等。广义文化则认为文化是人类创造与应用符号(非物质性)与制成品的总和,它构成了各种社会的生活方式,包括:态度规则、服饰、言语、饮食、民俗、仪式、行为等规范及信仰系统等。如前文所述,我国《辞海》对文化是这样界定的:“文化:①人类在历史发展过程中所创造的物质财富和精神财富的总和,特指精神财富,如文学、艺术、教育、科学等。②考古学用词,指同一历史时期的不依分布地点为转移的遗迹、遗物的综合体。同样的工具、用具,同样的制造技术等,是同一文化的特征。如仰韶文化,龙山文化。③指运用文字的能力及其一般知识水平。”广义文化就是《辞海》对文化解释的第一层含义。我们认为,文化产业中的文化不能够仅仅指狭义的文化(如果这样,范围过窄,不利于文化产业的发展),也不能够是纯粹的广义文化(因为这样,文化的范围过宽,难以实际操作),从世界文化产业的发展和作为概念的界定而言,文化产业概念中的文化应该处于广义文化和狭义文化之间。如果将广义文化称为大文化,将狭义文化称为小文化的话,文化产业的文化应该是中文化。

第五,文化产业有其独特的产业链条。一种经济活动能够被称之为一种产业,要求这些经济活动之间存在紧密的内在联系,不再是一个单独的个体活动,而是在一个体系下分工合作的有机组成部分。文化产业活动尽管早已有之,但是,始终没有得到人们的普遍重视,对人类社会发展也没有特殊的影响，其根本原因就在于这些活动还没有形成一个有机体系，还没有形成贯穿于其间的联系纽带。在当前，文化产业作为一个独立的产业登上历史舞台本身就证明，在一系列文化活动之间已经形成了市场关系的产业链条。这一产业链条区别于其他产业，具体包括内容的创意、将内容转化为文化产品和文化服务的生产、文化产品和服务的再生产以及文化产品和服务的交易等环节。

根据以上理解，我们将文化产业定义为：为满足人们的精神文化需求，以市场化方式，从事文化产品生产和提供文化服务的活动的总称。这些活动形成了文化艺术业、文化娱乐业、文化产品印刷和记录媒介复制业、文化用品制造业、文化信息传输服务业、文化用品批发零售业、广电和音像业、新闻出版业、教育与培训业、设计业、文化旅游业、健身与体育业、会展业等。

这一界定包括以下层次：

1.文化产业是以满足人们的精神文化需求为目标。

2.文化产业必须是以市场化方式进行，以获利为目的。

3.文化产业为消费者提供的文化产品和文化服务，不是物质产品。

4.文化产业是一系列文化活动的总称。

5.文化产业中的各种活动依据产业联系形成一个完

整的产业链条。

第二节　文化产业的特征

虽然作为一种独立的产业，文化产业刚刚处于起步阶段，其产业形态还不完整，尚处于形成过程中，但是，单纯就文化产业所代表的活动而言，文化产业已经有了几百年的历史。在几百年的发展和演变过程中，文化产业的特征逐步显现和形成。基于目前我们对文化产业的有限理解，文化产业应该具有以下特征。

1.文化产业的本质在于文化的产业化。正如我们在上节中对文化产业概念的界定中所言，文化产业作为一种独立的产业，其具有区别于其他产业的独特内涵和本质特征。这种特征就在于，它不是要为消费者提供物质产品，满足消费者的物质需求，而是直接面向人们的精神文化需求。它是在以公益性的方式向人们提供精神文化产品和服务难以满足日益增长的精神文化需求的情况下，由市场催生出的一种提供文化产品和服务的方式。它就是要将产业化的经营方式和手段运用于文化的传播和生产中，创造出更加符合人们需求的、丰富多彩的文化产品和服务。在这个过程中，在强劲增长的市场需求带动下，文化生产和传播的各个环节逐步展开，并成为一个包括创意、生产、销售于一体的产业链条，形成了一个独立的新兴产业——文化产业。因此,文化产业的本质就在于文化的产业化。

2.文化产业是一个知识密集型的创意产业。所谓知识密集型产业是指知识是产业增长主要贡献的产业。文化产业并不过多借助于物质的力量,物质力量仅仅是其的载体和润滑剂,是实现文化价值向经济价值转变的手段。知识和创意是文化产业的核心,是财富的直接来源。在文化产业的产业链条中,内容的创意是文化产业的起点,其余所有的环节——生产、再生产和交易都是围绕知识和创意展开的。不仅如此,即使在生产、再生产和交易环节中,仍然大量依赖于知识和创意,要通过创意将无形的文化转变为有形的文化产品,进而将其销售出去,获得利润。在此要指出的是,文化产业的创意并不是脱离社会的纯粹艺术和思想形态的创意,而是直接来自于市场,又服务于市场的创意,是在市场引导下的面向大众的创意。同时,文化产业的创意也不是单纯的创造性思维和思想,而是不仅要创造出新的思想,还要接受这种新思想,运用新思想,实施新思想,利用新思想,把新思想转变为别人将花钱购买的产品和服务。文化产业的知识型和创意性还体现在必须要运用新思想、新观念和新方法去整合、发展产业,创造财富。正是由于文化产业的知识型和创意性,知识产权在文化产业中具有举足轻重的地位,它是发展文化产业的最基本的权利。

3.文化产业是一个高收入弹性产业。一个产业的兴起和发展是经济社会发展到一定阶段的产物，虽然也存在在政府扶持和引导下产业的超前发展，但是，产业的成熟最终必然是市场发育的结果。文化产业的兴起是在工业化革命之后，随着人们收入水平的提高，为满足人们的精神文化需求而出现的。在西方，文化产业是"后工业化"时代的产物。即文化产业具有很强的收入弹性，只有在人们的收入水平达到一定水平之后，人们的精神文化需求强度足以支撑整个产业的发展时，才作为一个独立的产业兴起和发展。要注意的是，我们在此指出文化产业的这一特征并不是说，经济落后地区(阶段)就不能够发展文化产业。经济和文化的非均衡发展规律告诉我们，经济落后地区(阶段)存在发展文化产业的可能性。但是，我们必须注意到在经济落后地区(阶段)发展文化产业是缺乏产业发展要素支持的，如果这些地区能够采用外向型的发展战略，那么该地区文化产业可能在外地市场具有竞争力，但是，本地市场会由于要素的制约难以发育成熟。即经济落后地区发展文化产业必须采用外向型发展战略，必须面向经济发达地区市场。这并不背离文化产业是高收入弹性产业的特性。

4.文化产业具有很强的包容性和扩展性。作为整个经济体系中的一个产业，一般具有相对清晰的产业边界，这也是作为一个独立产业所要求的。但是，文化产业与其他产业在此方面存在显著不同。文化产业直接诞生于经济与文化的互动关系,这两大领域的对接使经济和文化中的各个环节都可能是文化产业的范围。不仅如此,文化产业还在经济和文化之外拓展了新的领域。“从运作方式看,文化产业不仅涉及经济与文化的互动性和互补性,而且还拓展了‘以知识和信息为资本’的生产空间,包含了‘以物质资本、经济资本为运转方式’的传统产业,还拓展了‘以智力资本、文化资本、数字资本为运营方式’的新的信息文化产业。从人类生存与发展的空间而言,文化产业不仅涉及人的基本存在样式,还提升人的生活质量。”① 正是这种包容性和扩展性,使我们很难给出一个稳定的文化产业边界。

5.文化产业具有意识形态性。文化产业的意识形态性来源于文化的意识形态性。尽管从文化产业与文化事业的区分看,文化产业侧重于市场化运作和产业利润,文化事业侧重于意识形态,但是,一方面,文化产业的本质在于文化的产业化运作,文化的意识形态性决定了在通过产业化手段和方式生产、传播文化的过程中,文化的意识形态性必然得到发扬,而不是消除。②另一方面,文化产

---

① 薛晓源:“全球化与文化产业研究”,载林拓等主编:《世界文化产业发展前沿报告(2003—2004)》,社会科学文献出版社 2004 年版,第 7 页。

② 在此需要指出的是,当前在我国关于文化产业和文化事业的划分讨论中,有一种观点似乎占据上风,即认为应该将没有意识形态性或者意识形

业和其他产业一样,在追求产业利润的过程中,必然带来社会效益。这完全符合亚当·斯密的"看不见的手原理"。所不同的是文化产业的社会效益在很大程度上就是意识形态功能。因此,文化产业具有意识形态性。

6.文化产业具有全球化特征。文化产业的全球化体现为以下层面:首先是发展的全球化。前文中我们指出,文化产业具有较强的收入弹性,当居民的收入达到一定水平之后,其精神文化需求必然会推动文化产业的兴起和发展。当前,发达国家已经进入"后工业化"时代,文化产业正在成为其支柱产业。广大发展中国家一方面在经历工业革命、分工的细化和产业体系的形成带来了居民收入的提高,从而带来了文化产业的发展;另一方面,在发达国家的引导下,发展中国家兴起的文化高消费也带动了本国文化产业的发展。因此当前全球出现了普遍的文化产业发展热潮。其次,文化产品和服务的全球化流动。随着全球化步伐的加快,全球化体系正在逐步形成,已经形成了一个全球化的文化产品和服务流动的体系。电影、书籍、电视、音乐唱片等可以在全球同时发行上映。

态比较弱的部分转变为文化产业,将意识形态比较强的部分保留为文化事业。这种观点是错误的。文化产业和文化事业的划分不是根据有无意识形态性进行的,二者都有意识形态性,所要划分的是,那些适合于采用产业化和市场化方式完成意识形态功能的文化部门要转变为文化产业,那些不适合于采用产业化和市场化方式的文化部门采用文化事业。二者区分在于意识形态功能实现形式。

尤其是互联网的兴起,更加速了文化产品和服务的全球化进程。最后,文化产品和服务制作的全球化。随着全球化分工体系的形成,文化产品如同其他产品一样纳入到全球分工体系中,全球文化资源得以共享,文化产品由多国不同企业共同完成,文化产品和服务全球发行销售。

7.文化产业具有较强的风险性。任何产业的发展都有风险,风险与产业发展犹如孪生姐妹。与其他产业相比,文化产业的风险性更强。一方面,文化产业的全球化和意识形态属性,使得经济强势国家的文化插上产业化的翅膀成为一种强势文化,直接使得民族国家的主权弱化和传统文化边缘化,面对这种状况,民族国家必然会保护本民族文化,从而出现对文化产业的规制,从而为文化产业的发展带来了巨大的政策风险。另一方面,随着信息化时代的到来,社会的发展节奏加快,世界的变化加快,风险性加强。尤其是作为创意产业的文化产业,一种艺术性的创意能否转化为消费者喜闻乐见的文化产品和服务,往往取决于能否适应这种快速变化的社会。一种文化产品还没有完全流行,另一种全新的文化产品就已经出现,文化产业的经营风险加剧。同时,文化产业还面临盗版的侵蚀。信息化技术在为文化产业插上信息化翅膀的同时,也提高了盗版的技术水平,盗版产品的逼真度越来越高,消费者几乎不可能辨别。文化产业经营者不得不承担由此带来的经营风险。

第三章　国内外文化产业理论发展

产业的发展需要理论的支撑,需要理论工作者的理性思考和智力支持。尤其是,在一个产业由初始阶段进入成熟阶段,并逐步成为社会体系中一个独立部分时,理论的研究就更为重要。文化产业活动在几百年前就已经存在,但是,作为一个独立的产业形态出现并进入理性发展轨道,受到人们的关注,则得益于理论工作者们的研究。因此,伴随着文化产业的形成,出现了一个全新的理论——文化产业理论。本章旨在根据可掌握的资料,对国内外文化产业理论的发展进行总结,在此基础上提出我们的研究角度。

第一节　西方文化产业理论:起源与发展

西方文化产业理论诞生于德国法兰克福学派对大众文化批判形成的文化工业理论。在法兰克福学派的代表性著作1947年出版的《启蒙辩证法》中,代表性人物霍克海默和阿多诺专门用"文化工业:作为大众欺骗的启蒙"

一章篇幅对文化工业进行了批判。在他们看来，文化在前资本主义时期是少数阶层的特权，是精英文化或者贵族文化。到了资本主义时期，随着先进技术在文艺作品制作中的普及，文艺创作成为一种机械化和自动化的作业。文艺作品的这种批量复制和生产就是文化工业。文化此时已经不再是特权，而成为一般大众的消费品，成为大众文化。大众文化是物化文化，它缺乏作为文化的最本质特征——批判和否定的精神。霍克海默和阿多诺从六个方面对文化工业进行了批判：(1)文化工业的存在基础决定了其不可能实现自由创造。文化工业存在和发展的基础是资本，追求的目标是利润最大化。要实现这一目标，文化工业必须被动的按照消费者的需求进行创造，从而不可能实现自由创造。(2)文化工业使人的个性趋于消亡。文化工业为了追求利润最大化必须使从内容到风格整齐划一的文化产品被越来越多的消费者接受，消费者长期消费这些文化产品的结果使批判和否定意识日渐淡化，思维方式日趋单一，个性逐步趋于消亡。(3)文化工业的基石注定其无法实现艺术的超越性。艺术的魅力在于其超越于现实社会，与现实社会的对抗。但是，文化工业要实现利润最大化不可能排斥和超脱于现实社会，只能最大程度地接近社会，才能够被社会接受，这就决定了文化工业根本无法实现艺术的超越性。(4)先进技术的采用降低了文化产品的艺术价值。传统艺术作品是依靠创作天赋和加工技巧完成的,文化工业则凭借先进技术批量生产文化产品,缩短了文化产品与消费者需求的距离,使消费者的消费需求容易得到满足。文化工业下的文化产品的天赋性和技巧性几乎丧失殆尽,已经不具备太多的艺术价值。(5)文化工业中的创作必然走向程序化。文化工业的大众化和批量机械复制特征,使相应产品的创作必然会走向程序化。这种程序化必然带来特定的语言或规则的限制,从而对传统民族语言的表现力造成削弱甚至伤害。(6)文化工业产品消费者的独立判断能力正日益丧失。在大量程式化、整齐划一文化产品的包围下,消费者逐步忘记了自己的批判地位和主体地位,从而被动地接受文化产品的熏陶。久而久之,消费者不仅没有了自己的思想,也没有了自己的感情和主体意识,成为一个与主体的本质相背离的物化存在。① 虽然,阿多诺在20世纪60年代发表的"关于电影的透明性"一文中指出:"文化产业的意识形态本身,在其意欲控制群众时,变得正如它旨在卡纸的那个社会那样,内在地具有对抗性了。文化产业的意识形态包含着对自己谎言的矫正方法。"② 从而首次有限度地承认文化产业也具有一

① 参见霍克海默和阿多诺:《启蒙辩证法》,重庆出版社1990年版,叶朗主编:《中国文化产业年度发展报告》,北京大学出版社2004年版,第12—13页。

② 转引自谢名家等:《文化产业的时代审视》,人民出版社2002年版,第86—87页。

种批判的潜力,但是,总体而言,阿多诺对文化工业持批判态度。

与阿多诺和霍克海默对文化工业持批判态度不同,同为法兰克福学派的瓦尔特·本雅明对文化工业持肯定态度。本雅明在《旅途笔记》中指出,工业化时期对艺术及其内容的复制消除的不是艺术本身,而是某些特定形式的艺术,工业化改变了艺术,只要艺术品制作者懂得利用新技术,保持社会旁观者的身份,艺术的认识功能仍然能够得到保持。因此,本雅明在其名著《机械复制时代的艺术》一书中,为复制技术即文化产业唱了一曲浪漫主义的赞歌。认为,复制技术使古典艺术的距离感、崇拜价值、自律性、本真性、一次性等传统"韵味"消失的同时,也使艺术的特性和功能发生了巨大变化,引发了艺术史的革命,解放了人类的视觉世界,冲击了日常世界,实现了艺术的普及和大众化。

尽管法兰克福学派对文化工业的态度并不一致,并引发了长期的关于大众文化的争论,在20世纪三四十年代,阿多诺的批判性态度占据上风,到20世纪七八十年代,本雅明的观点开始成为中心。但是它毕竟开创了文化产业研究的先河,直接带动了西方文化产业理论的发展。继法兰克福学派之后,西方文化产业理论沿着两条路线发展。一条是文化产业的基础理论路线,一条是文化产业的应用理论路线。

一、文化产业基础理论

文化产业基础理论肇始于英国伯明翰大学文化研究中心，被业界称为伯明翰学派。其代表人物有雷蒙·威廉姆斯、斯图尔特·豪尔、托尼·本尼特、约翰·费斯克等。该学派侧重于从文化研究角度研究文化产业，特别是文化产品中包含的文化内容。研究路径是对文化产品的内容进行意识形态的探讨，对文化产业的符号生产机制和生产原则进行研究。下面从基本理论和观点两个角度介绍其内容。

在基本理论方面，伯明翰学派在关于文化产业的一系列基本概念上提出了与法兰克福学派不同的理解。(1)重新理解“大众”。法兰克福学派将大众理解为是现代工业组织将人民非个性化、同一化的结果。伯明翰学派认为，大众的内涵不是固定不变的，它代表的是一种价值，一种相对的立场。大众应该首先理解为是一种关系，而不是经验性实体或固定本质，而且，大众也不是单质的整体，而是包含了各种各样由具体利益关系、政治立场和适合联系形成的群体，是一个杂多异质的关系组合。(2)重新考量“文化”。费斯克将文化定义为意义在特定社会中的产生和流通，它不再以经典为标准。文化不是指在艺术杰作中能够找到什么形式或美的理想，也不是指什么超越时代、国界和永恒普遍的人类精神，而是工业化社会中意义的生产和流通，是工业现代化社会中生活的方式,它涵盖了这种社会的人生经验的全部意义,这就废黜了艺术成品在文化中的中心地位而代之以意义的生产和流通。同时,费斯克强调大众在接受文化产品时的创造性。文化产业的产品并不代表大众文化本身,这些产品不过是大众进行意义生产和流通的资源和材料。观众在接受文化产品时也在生产和流通各种不同的意义。这种由大众主动参与的社会意义的生产和流通才是大众文化。大众文化的创造性不体现在文化产品本身的生产上,而是体现在大众对工业商品的创造性的运用。(3)重新解释消费。与法兰克福学派认为观众消费文化产品就是接受和认同文化产品不同,伯明翰学派认为,观众不是商业文化可随意操纵的主体,观众首先是社会的人,然后才是观众。按照费斯克的说法,大众文化是"生产性文本",那么,观众首先是社会性主体,然后才是"文本性主体"。社会主体性是观众对文本做出反应和解释的认识视野和感情基础。(4)重新探索研究方法。伯明翰学派纠正了法兰克福学派过于强烈的批判精神,但是没有完全拒绝,而是补充了它的内容。主张采用"双重聚焦"研究大众文化,一方面注重其意识形态功能(法兰克福学派的观点),另一方面研究大众如何与现存的制度打交道,如何阅读它所提供的文本,如何利用它的材料资源创造大众文化,即提供意义的开放性。

在具体内容方面,伯明翰学派的诸多学者提出了一系列观点:雷蒙·威廉姆斯提出文化研究不应该只是对部分文化的研究,而应该将整个文化生产纳入文化研究范畴;斯图尔特·豪尔发现,电视产品的生产事实上就是一个编码过程,消费者对电视产品的消费过程不是一个既定意义的接受过程,而是一个解码和再生产同步进行的过程,是一个意义选择和重构的复杂过程;詹姆森指出,大众文化是现代社会的典型文化模式之一,它为现代主义语言中心转向后现代主义的视觉中心提供了桥梁作用的文化样式,应该辩证地看待大众文化,大众文化是实现人类全面发展的必不可少的条件之一;约翰·费斯克对文化产业进行了经济学上的系统分析,把文化经济作为区别于金融经济的特殊现象加以经济学解释,对文化产业的基本特征、文化的产生、消费及其价值进行了研究等等。布迪厄、思罗斯比等人在20世纪末提出了文化资本理论,1989年,布迪厄在其著名论文"资本的形式"中首次完整地提出了文化资本理论。他从积累性角度引入资本概念,认为资本存在经济资本、文化资本和社会资本三种基本类型,文化资本又以具体形式(以精神或肉体的持久的"性情"的形式)、客观的形式(文化产品的形式)和体制的形式(一种客观化的、必须加以区别对待的形式)存在。文化资本具有个体性(不能通过馈赠、买卖和交换进行当下的传承)、无意性(人们总是无意识的获得文化资本)、独特性(总是带有最初的印记)和符号性(首先作为一种符号资本发生作用,是一种合法的能力,一种能够获得社会承认的权威)。具体化的文化资本的传承和积累主要取决于家庭所拥有的文化资本,个体是否能够延长其获得资本的时间长度依赖于家庭能够给他提供的自由时间的长度,能力在文化资本的传承和积累中发挥重要作用。客观化的文化资本可以传承,且由于其隐秘性,甚至比经济资本更有利于传承,但是,传承的只是合法的所有权。文化产品是客观化文化资本和经济资本的统一。体制化的文化资本使文化资本超越了具体化形式的生物局限,使文化资本的拥有合法化了,使文化资本拥有者之间的比较和替代成为可能。[①] 思罗斯比将文化资本视为与物质资本、人力资本和自然资本并列的第四种资本,认为文化资本是以财富的形式具体表现出来的文化价值的积累,它是一种经济现象,理论基础在于文化价值和经济价值之间的关系。文化资本可以被运用到经济学中的经济增长、可持续发展和投资分析等领域,也可以运用到社会学的研究中。[②] 约瑟夫·多尔蒂则认为文化资本在全球范围内开展多维度的政治的、经济的、社会的、环境的和安全的文化参与和交流中具有更为广泛的运用

---

① 薛晓源等:“文化资本、文化产品与文化制度”,《马克思主义与现实》2004年第1期。

② 戴维·思罗斯比:“什么是文化资本”,《马克思主义与现实》2004年第1期。

前景。[①]

二、文化产业应用理论

文化产业应用理论是在文化产业基础理论之上逐步发展起来的，它将研究的重心放在了有关文化产品的研发、生产、营销、管理、运作以及与宏观经济的关系和文化产业政策方面上。这一理论主要集中于20世纪80年代之后，具体可以分为以下研究领域：

1.文化产业概念界定与行业划分。进行文化产业的应用研究，必然涉及文化产业所属行业的划分，要对所属行业进行划分则又对文化产业概念的界定提出要求。因此，关于文化产业的应用性概念的界定和行业的划分始终是文化产业应用理论关注的热点。由于在第一章已经对文化产业的概念界定和行业划分进行了系统介绍，在此不再重复。

2.文化产业内部运行机理。20世纪80年代以来，随着伯明翰学派的观点占据理论界中心位置，文化产业的合理性得到广泛承认，文化产业作为一种产业的观念深入民心。那么，作为产业的文化产业其内部运作机理是怎样的？它与其他产业有何不同？这些问题成为发展文化产业必须回答的问题。文化产业应用理论在此作出了

---

① 约瑟夫·多尔蒂："用于全球冒险的文化资本"，《马克思主义与现实》2004年第1期。

突破性研究。查尔斯·兰蒂(Charles Landry)将“价值生产链分析法”引入文化产业的应用研究,提出了文化产业的五个阶段性环节,即创意的形成、文化产品的生产、文化产品的流通、文化产品的发送机构和最终消费者的接受。安迪·C.普拉特将文化产业生产体系视为一个生产链,包括内容的创意、生产输入、再生产和交易四个部分。大卫·索斯比和芮佳莉娜·罗马在解释文化产业概念时,将文化产业视为一种环状模型,即一系列同心圆,中心为内容创意,其次是文化产品的制造,再次是文化产品的销售,最后是内容带动的其他产业。这些研究几乎都将一般产业的产业链引入到文化产业的运行中,这符合文化产业作为产业的属性,也基本揭示了文化产业的运行机理。

3.文化产业与就业。近年来,关于文化产业与就业的关系成为文化产业应用理论研究的一个重要内容,几乎所有的关于文化产业的文献中都涉及就业问题,尤其在欧洲,这一问题几乎成为文化产业政策的焦点,各国政府召开了一系列的会议进行探讨。1996 年欧盟在斯波莱托举行的年度圆桌会议的主题就是“运作中的文化:文化、创新与就业”,围绕文化产业和就业展开全面的讨论。1998 年,欧洲委员会专门就文化产业和就业进行了研究,发表了“文化产业与就业”,全面考察了欧盟的文化实践及其对就业的影响,进一步研究了文化产业内部各行业对就业的影响,最后得出结论:欧盟各国在制定文化政策时要将就业问题纳入其中,要将文化产业纳入欧洲的全面就业战略中。在欧盟2000年文化规划中明确提出要促进文化产业的发展,增加就业机会。在分析了欧盟的这些政策后,提出:(1)就业政策就是文化政策。(2)要建立文化扶持政策,强化和刺激文化产业的研究和开发,创造更多的就业机会。(3)就业培训是文化产业与文化政策面临的关键领域,要加强文化产业培训,采取协同政策促进形成新的具有竞争力的工种。(4)文化创新可以为文化产业创造出新的经济增长点和更多的就业机会。① 安迪·C.普拉特对英国和日本在文化产业领域的就业情况进行了比较分析,指出文化产业是一个就业增长很快的行业。1995年日本有610万人在文化产业中就业,大约占总就业的9.6%,1990年至1995年文化产业就业增长了5.3%,其他产业仅仅增加了3.6%;英国1996年有140万人在文化产业中就业,占总就业的6.4%,1991年文化产业就业增长了14%,其他产业仅仅增长了3%。②

4.文化产业政策。关于文化产业政策的研究主要集中在:(1)美国和欧洲文化产业政策研究的比较。随着文

① 卡西·布里克伍德:"信息社会中的文化政策与就业",载林拓等主编:《世界文化产业发展前沿报告(2003—2004)》,社会科学文献出版社2004年版,第20—33页。

② 参见安迪·C.普拉特:"文化产业:英国与日本就业的跨国比较",载林拓等主编:《世界文化产业发展前沿报告(2003—2004)》,社会科学文献出版社2004年版,第208—218页。

化产业的迅猛发展,如何有力推动本国文化产业发展成为各国政策制定者关注的话题,那么对各国文化产业政策的比较研究就成为一个重要的研究领域。作为文化产业高度发达的国家和地区——美国和欧盟的文化产业政策无疑成为比较的主要对象。2001年6月联合国科教文组织在巴黎专门召开了主题为“美国和欧洲的艺术和文化产业研究”研讨会,集中对二者在文化产业政策研究的关注点、研究方法、资助体制和方式以及政策选择等方面进行了全方位的比较。英国伦敦创意研究中心执行主任J.威廉姆斯对此进行了梳理。①在美国既没有中央政府的文化研究机构,也没有对这种研究进行汇集和推广的机构,文化政策领域仍然处于形成阶段,因而与欧洲相比,美国的大学和基金会对文化政策的认可和支持相对更慢一些。欧洲的公共机构在国家和欧洲范围内都非常支持文化产业研究工作,不过对研究课题的选择要受到开展研究国家的控制。②在具体的文化产业政策研究领域,美国和欧洲的研究着重点存在较大差异,美国侧重于艺术的经济效益定量研究,考察文化产业对政府和个人所产生的经济效益,研究美国文化产业的资助体系,强调政府的资助和支持对文化产业的重要性。欧洲则关注艺术、文化和媒体行业的高等教育政策和公共管理项目。③在具体研究方法上,美国侧重于定量研究,主要是为了支持其资金的拨付。欧洲则侧重于定性研究,目的是为了认识不同的价值观、做法以及构成文化多样性社会性质的诠释框架。[①] (2)美国和欧洲文化产业政策的比较研究。罗伯特斯通·霍尔等人发现,由于美国和欧洲文化背景的不同,双方在文化产业政策方面存在较大差异。美国由于历史上的民主传统,认为艺术繁荣必须有一个没有政府行政干预的环境,政府扮演的角色是创造一种能够促进文化艺术事业发展,为所有艺术家提供更多机会的环境,所以,与欧洲相比,美国并没有一个主导性的文化政策,它的文化政策是多样化的。同时,与欧洲的文化政策极力支持先锋派的、政治批评的和逻辑分析的策略不同,美国人对广泛认同的需要致使其文化实践主要是生产作为大众麻醉剂的艺术。[②] (3)就业政策是国外文化产业政策研究的主要焦点之一。关于此点在上文已经进行了介绍。

5.文化产业与地区发展。与其他产业全球化带来"本土化"一样,文化产业的全球化特性赋予了地方以特殊的地位,文化产业的全球化为地方竞争力提供了新的力量源泉,地方以其固定空间和文化产业的承载地促进了文化产业的发展。因此,关于文化产业与地区发展成

① J.威廉姆斯:"艺术和文化产业研究:迈向新的政策联盟",载林拓等主编:《世界文化产业发展前沿报告(2003—2004)》,社会科学文献出版社2004年版,第34—63页。

② 罗伯特斯通·霍尔:"什么是文化政策?——一个新兴领域的对话",参见普林斯顿大学艺术与文化政策研究中心网站:http://www.princeton.edu/artspot/。

为文化产业应用理论研究的重要内容,其研究主要集中在:(1)地区文化产业发展规划。在文化产业的强势压力之下,各地为了提高自己的核心竞争力,纷纷制定自己的文化产业发展规划。澳大利亚塔斯马尼亚州为该州制定了包括文化产业发展的原则、最终目标以及全方位策略的未来十年文化产业发展规划。纽卡斯尔制定了将本市建设成为21世纪典型的可持续发展城市的文化产业发展规划。欧盟考察了欧盟扩张带来的文化政策的变化等。(2)文化产业与城市竞争力。在文化产业与地区发展中,城市,特别是国际化的大都市成为关注的焦点,纽约、伦敦、巴黎、东京、多伦多、我国上海等城市成为集中研究的对象,并从研究中总结出文化产业与城市发展的内在联系机理。查尔斯·兰德利在"伦敦:文化创意城市"一文中指出,文化活动无论是传统的还是新生的都产生意义;文化活动与创新和创造力密切相关,是城市活力的源泉;强大的文化能够创造积极的想像;文化在旅游中的作用是关键性的,是一位游客初次来一个地区的最初理由;要充分认识文化产业是一个经济部门;文化活动还可以增强社会凝聚力,促进社会融合;文化活动还可以发展新的培训和就业渠道。[1] 阿兰高特列波在"多伦多:一座国际化

---

① 查尔斯·兰德利:"伦敦:文化创意城市",载林拓等主编:《世界文化产业发展前沿报告(2003—2004)》,社会科学文献出版社2004年版,第273—284页。

都市面临的挑战”一文中概括了城市提高国际竞争力的必要条件:在经济上具有主导地位、比较优势;成为文化中心,拥有出色的文化和教育制度;尊重传统,鼓励多元文化政策;珍惜公民精神;能够提供充满活力的城市空间,人们愿意在其中工作、访问和生活;拥有高水平的建筑;有能力让人感到惊喜和震撼。[①] (3)文化产业与农村发展。与城市作为文化产业与地区发展研究的焦点位置不同,农村由于其人口集中度低,居民收入有限,很少进入人们的研究视野。难能可贵的是,澳大利亚学者汤姆·奥里甘地教授就此进行了研究,他以澳大利亚的昆士兰为例,强调了文化产业对农村发展的重要性,指出,文化规划还没有被系统地运用于农村的发展,建议农村可以利用其在文化旅游和文化遗产领域的巨大优势发展文化产业,要把城市带到农村从而实际上消除城市和农村之间的差距。[②]

从上文的介绍可以看出,西方文化产业理论研究呈现以下特点:第一,国际上并没有形成一个权威性的对文化产业概念的界定,各国和各个学者基本根据自己的理

① 阿兰高特列波:“多伦多:一座国际化都市面临的挑战”,载林拓等主编:《世界文化产业发展前沿报告(2003—2004)》,社会科学文献出版社2004年版,第285—292页。

② 汤姆·奥里甘地:“文化规划、文化产业与地方发展”,载林拓等主编:《世界文化产业发展前沿报告(2003—2004)》,社会科学文献出版社2004年版,第84—89页。

解进行文化产业概念的界定。第二,文化产业的外延正处于不断拓展过程中,不仅传统的艺术和传媒产业属于文化产业,而且教育、旅游、文化遗产也被包括在文化产业领域之内,特别是随着互联网和信息技术的兴起,诞生了现代文化产业——文化信息产业。不仅直接面向市场的文化部门属于文化产业,而且呈现出原来属于公共事业的文化部门和服务也开始采用产业化手段进行运作,从而呈现出进入文化产业领域的趋势。第三,西方文化产业理论的研究正处于全面深入阶段。文化产业的基础理论开始与社会学、经济学结合起来,运用这些学科的研究方法对文化和文化产业进行研究。文化产业的应用研究则开始深入到文化产业链的构造和内部机制的研究中,研究其具体的运行规律。文化产业政策的研究开始进入到就业、资助政策等具体层面。第四,经济学的研究仍然是西方文化产业理论研究的一个软肋。西方文化产业理论的研究仍然主要由社会学、文学、艺术等学者为主,所采用的研究方法也主要以这些学科的方法为主,侧重于定性分析,经济学的研究方法刚刚开始被引入,还没有得到广泛的应用,尤其是对文化产业的产业特性及其运作规律的研究也刚刚起步。第五,西方文化产业理论的重心主要集中于文化产业比较发达的城市,对农村和地方文化产业的研究较少,这对于理论的深入和发展是比较不利的。

第二节　我国文化产业理论的研究现状

我国文化产业理论起步较晚，第一篇探讨大众文化运行机制以及生产、流通和消费等问题的学术文章在1991年才出现在《上海文论》关于“大众文艺”的系列文章中。随后，从文化产业角度探讨大众文化的文献才不断涌现。1997年，以《读书》第2期杂志发表一系列关于大众文化的文章为标志，文化界掀起讨论大众文化的高潮，形成了支持和赞扬大众文化与批判大众文化的两种截然对立的观点。在这场争论中，大众文化的地位逐步得到普遍承认，文化产业才获得了理论上的主导性的话语权。这种话语权随着我国加入WTO的挑战和社会主义市场经济的发展，逐步进入到国家政策层面。2000年中共中央在关于国家“十五”规划的建议中，首次提出要“推动文化产业的发展”，从而将文化产业发展纳入国家整体发展规划中，成为国家发展战略的重要组成部分。2002年的《政府工作报告》把“大力发展文化产业”确立为解决我国经济发展的结构性矛盾和体制性障碍的重要政策措施，对文化产业在国民经济发展中的地位进行了功能性战略定位。2002年党的十六大报告，从“全面建设小康社会，开创有中国特色社会主义新局面”的战略目标出发，进一步明确要“支持文化产业的发展”，“全面提高我国文化产业的整体实力和综合竞争力”,把积极发展文化产业作为“市场经济条件下繁荣社会主义文化、满足人民群众精神文化需求的重要途径”。2003年召开的十六届三中全会,进一步提出文化产业微观组织——经营性文化企业的改革目标、文化体制改革的目标和文化产业政策的方向。这些政策直接给予了文化产业政策上的合法地位,也标志着文化产业在我国合法化过程的结束。我国文化产业理论开始进入合理化阶段,即文化产业的应用研究阶段。从目前来看,我国文化产业理论主要集中在文化产业应用理论方面,具体体现在以下层面。

一、文化产业概念、性质与发展规律

概念的界定是理论研究的出发点,我国学者在对文化产业进行研究之初就开始了这方面的探讨,在第一章中我们已经将我国几个具有代表性的文化产业概念进行了介绍和分析,在此不再重复。对文化产业性质的理解在我国基本形成两种观点。一种将文化产业的性质重心放在文化上,强调文化和内容在文化产业的核心地位,强调文化产业的文化属性。另一种观点将文化产业性质的重心放在产业上,强调文化产业作为一个产业的产业属性,强调产业化和市场化手段和运营。冯子标从文化是人类物质财富和精神财富的总和出发,运用马克思主义的分析方法,指出文化从起初就是与产业和经济紧密联系在一起,只是由于社会发展我们以前更多强调了文化的文化属性，忽视了产业属性，现在讲文化产业正是对文化产业属性的复归。[①] 章建刚指出，产业才是文化产业的主要成分，文化是对它的限定，他将文化产业的内在机制概括为 A(Arts) + B(Business) + C(Consumer)模式。[②] 同时，作为对文化产业基本理论的进一步研究，学者们对文化产业发展规律进行了初步的理论探索。张晓明提出了文化产业发展的不平衡规律，认为，经济文化化存在五个发展阶段：第一产业为主阶段、第二产业为主阶段、第三产业为主阶段、知识性服务业为主阶段、艺术和文化知识服务业为主阶段；与经济文化化的五个阶段对应，文化经济化也存在五个阶段：传统文化阶段、从传统文化到商业文化阶段、从商业文化到文化产业阶段、从文化产业到内容产业阶段和从内容产业到创意产业阶段。[③] 焦斌龙从资本、劳动、技术和市场约束角度，探讨了工业化时期发展文化产业发展的规律，指出要协调文化产业和工业化之间的关系，实现二者的协调发展。[④] 卢渝提出在经济欠发达地区

---

① 冯子标："论文化的产业属性"，《山西日报》2003 年 4 月 12 日。

② 章建刚："文化产业发展的几个基本逻辑"，载叶取源等主编：《中国文化产业评论》第 1 卷，上海人民出版社 2003 年版。

③ 张晓明："通过认识文化产业发展的不平衡规律科学制定文化产业发展战略"，21 世纪中国文化产业论坛第三届年会论文集，2004 年。

④ 焦斌龙："工业化时代的文化产业"，21 世纪中国文化产业论坛第三届年会论文集，2004 年。

发展文化产业的思路和模式。[①] 孟晓驷从需求角度提出文化产业发展的机理。[②] 李向民提出精神经济时代发展文化产业的思路和模式。[③] 柯克在《文化产业论》一书中不仅证明文化产业是21世纪的朝阳产业，而且全面分析了文化产业的生产主体、经营主体和消费主体的作用，对我国文化产业的资源开发、集团化生产与市场竞争，我国文化产业面临的问题、制约因素与解决方法和发展战略等重大理论问题进行了探索。[④] 谢名家在《文化产业的时代审视》一书中从精神生产角度提出文化产业概念，并结合现代科技、市场经济、全球化和知识经济等时代主题，论证了文化产业与时代主题的关系，提出了文化产业的系统和过程，并结合我国现代化提出我国文化产业发展战略，最后提出了集导向机制、优化机制、运行机制和动力机制于一体的文化产业发展机制。[⑤] 乐后圣在《21世纪黄金产业——文化产业经济浪潮》一书中提出文化产业是21世纪的黄金产业，并从文化资源开发利用、文化投资体制与效益、文化市场竞争与开拓、文化产业开发与发展，以及对咨询业和文化对经济增长的影响等角度进行

① 卢渝："经济欠发达地区发展文化产业的思路及对策"，《光明日报》2004年5月18日。

② 孟晓驷："文化产业发展的机理"，《光明日报》2004年7月15日。

③ 李向民："精神经济时代的文化产业"，《文化报》2004年。

④ 柯克：《文化产业论》，广东经济出版社2001年版。

⑤ 谢名家等：《文化产业的时代审视》，人民出版社2002年版。

了全方位的解读。[①] 陈立旭从计划经济体制向市场经济体制的转换为出发点，分别从市场经济与文化发展、全球化与文化发展、经济市场化进程中的文化机制和市场社会与文化的社会作用几个角度对市场经济与文化发展的关系进行解读，论述了市场逻辑下文化发展的内在规律。[②]

二、文化产业宏观研究

文化产业的宏观研究主要包括：

1.文化产业宏观发展态势。中国社会科学院和上海交通大学国家文化产业创新与发展研究基地联合从 2002 年起出版了《文化蓝皮书：中国文化产业发展报告》，该蓝皮书每年出一本，分为总报告、宏观视野、专家论坛、行业报告、区域报告、国外文化产业、个案研究和统计研究几个板块，试图全面反映每年度文化产业发展的总体进展情况。[③] 北京大学国家文化产业创新与发展研究基地从 2003 年开始出版了《中国文化产业年度发展报告》，该报告作了一个大胆的尝试，建立了一个集人力资源、经营业绩、产品与服务、治理结构、投融资、产业政策、行业与入世以及趋势分析为一体的统计体系，集中对其定义的文化产业范围（包括纸质传媒业、影音传媒业、网络传媒业、

① 乐后圣：《21 世纪黄金产业——文化产业经济浪潮》，中国社会出版社 2000 年版。

② 陈立旭：《市场逻辑与文化发展》，浙江人民出版社 2001 年版。

③ 江蓝生等主编：《文化蓝皮书：中国文化产业发展报告》，社会科学文献出版社 2002、2003、2004 年版。

广告产业、旅游产业、艺术产业、教育产业、体育产业)进行年度跟踪研究。[①] 国家行政学院的祁述裕出版了《中国文化产业国际竞争力报告》,运用国际竞争力理论,设计出中国文化产业国际竞争力评价指标体系,通过与世界上主要国家文化产业发展状况的比较,对我国文化产业的国际竞争力进行定位研究。[②]

2.文化产业的统计和评价指标。进行文化产业的宏观研究,数据的取得是关键,但是由于我国还没有建立起相应的文化产业统计指标体系,所以文化产业统计指标体系的研究成为理论研究的重要内容。文化部、国家统计局在2002年成立课题组进行文化产业统计指标体系的研究,现已经初步完成文化产业的行业分类,并建立起了国家文化产业统计制度,从2004年开始文化产业统计纳入统计局的日常统计。山西省文化产业研究中心提出了山西省文化产业综合评价指标体系及评价方法,与国家统计局的统计指标不同,该指标体系侧重于从产业化角度对一地的文化产业发展状况和潜力进行评价,以便于从宏观上把握一地文化产业发展态势及其发展方向。[③] 山西省

① 叶朗主编:《中国文化产业年度发展报告(2003)》,北京大学出版社2003年版。

② 祁述裕主编:《中国文化产业国际竞争力报告》,社会科学文献出版社2004年版。

③ 申维辰主编:《评价文化:文化资源评估与文化产业评价研究》,山西教育出版社2004年版。

文化产业研究中心完成的“山西省文化资源评估指标体系及评估方法研究”,从产业化开发的角度构筑了集资源品相要素、价值要素、效用要素、发展预期和传承能力于一体的文化资源评估指标体系和评估方法,从而可以依据此指标体系将文化资源分为开发型、保护型和开发保护型等不同类型,从而有利于规范当前的文化资源开发热潮,实现文化资源的可持续开发。[①]

三、文化产业与地区竞争力

文化产业在我国的兴起在一定程度上是由于文化在当代成为一国和地区竞争力的重要组成部分,因此,文化产业与地区竞争力成为我国学者研究的重要领域。具体包括以下内容:

1.文化产业与国家竞争力。综合国力是我们衡量一国实力的主要考察指标,在综合国力指标体系中,人力资源的开发、教科文能力、社会发展程度等指标在很大程度上属于文化的范围。继贾春峰提出文化力概念和理论以来,周浩然等人提出了文化国力概念,并从人的素质提高、教育革命、科技进步、文化和可持续发展、社会主义文化事业建设、市场经济发展中的文化动力以及国家和民族形象建设等角度对文化国力进行了解析,最后还提出

① 申维辰主编:《评价文化:文化资源评估与文化产业评价研究》,山西教育出版社 2004 年版。

了文化国力的测评指标与量化方法。[1]

2.文化产业与地区竞争力。在我国社会发展呈现以行政区划和经济区域两种态势情况下,地区和区域间的竞争日益激烈,文化产业作为地区竞争力的重要组成部分近年来得到学术界的关注。一方面,许多省份提出了建立文化大省、文化强省的目标,纷纷制定了各自的文化和文化产业发展规划和发展战略。如山西省委省政府出台了《山西省建设文化强省规划纲要(2003—2010)》,对山西省文化产业发展战略进行了部署,提出了“五强两大”的战略目标,“五强”即强势文化人才、强势人文学科、强势文化活动、强势文化产业和强势文化品牌;“两大”即文化及其产业对山西省经济增长的贡献大(到2010年文化产业在全省GDP中的比重达到20%左右)、对山西省可持续发展的贡献大。游碧竹主编的《崛起的文化产业:湖南文化产业发展战略研究》对湖南省的文化产业发展战略进行了探讨。[2] 另一方面,我国跨省份的区域文化合作迅猛兴起,“珠江三角洲”、“长江流域”、“京津唐地区”成为区域文化合作的主要地区。学者们积极参与其中,并研究了如何制定地区文化产业发展规划和战略、如何构建区域文化合作机制等理论问题。《文化报》连续五期发表

---

① 周浩然等:《文化国力论》,辽宁人民出版社2000年版。

② 游碧竹主编:《崛起的文化产业:湖南文化产业发展战略研究》,湖南人民出版社2002年版。

了对区域文化合作的评论员文章。陈占彪研究了区域文化产业发展的结构特征、类型划分、基本要素、主要障碍和空间布局等问题。①

3.文化产业与城市竞争力。随着文化产业蓬勃发展,城市作为文化产业发展条件的中心地位开始凸现,北京、上海、广州、武汉、长沙等城市都提出了文化强市战略,积极探索符合当地资源特色的文化产业发展道路。文化产业与城市竞争力成为文化产业研究的重要内容。林拓结合世界文化产业发展和世界性城市竞争力的演变提出,从能级提升角度看,文化产业的快速发展及其呈现的产业整合和空间聚合趋势,使现代城市发生了一系列重大变化,城市的发展为文化产业也带来了新的机遇,二者进入双向推动的良性循环;作为城市竞争力核心的城市创新能力、作为城市竞争力基础的城市环境引力和作为城市竞争力本质的城市功能活力,是文化产业与城市竞争力联系的纽带,文化产业通过它们推动城市竞争力的提升。② 上海社会科学研究院院长尹继佐主编的《文化创新与城市发展:2002年上海文化发展蓝皮书》对上海文化产业十五发展目标、对策以及旅游产品创新等进行了

---

① 陈占彪:"关于我国发展区域文化产业的要素分析与空间布局",21世纪中国文化产业论坛第三届年会论文集,2004年。

② 林拓:"世界文化产业与城市竞争力",《马克思主义与现实》2004年第2期。

研究。[①]

四、文化体制改革与文化产业发展

由于我国长期以来对文化管理采用了事业体制，并没有文化产业的概念，所以文化体制改革就成为我国文化产业发展面临的最大障碍，文化体制改革与文化产业发展也成为理论界探讨的主要领域。具体体现在：

1.对文化事业与文化产业的划分。党的十六大报告首次将文化产业与文化事业并列提出之后，理论界就开始了对文化事业和文化产业划分的研究。占主导地位的观点认为区分文化事业和文化产业应该遵循功能划分原则，即将那些承担着国家意识形态功能、涉及民族文化传承和保护的部门、单位界定为文化事业单位，将那些能够直接面向市场、为普通大众提供文化消费产品和服务、以盈利为目的的部门和单位界定为文化产业单位。另一种观点认为，这种划分方法基本属于一种静态的划分方法，缺乏动态性，文化产业与文化事业的划分依据应该是其提供产品和服务的性质。文化产品和服务的性质是一个动态演变过程，我们不能够采用一刀切方式将其分开，我们能够做的是将当前已经明确了其性质的文化产品和服务进行划分，属于公共产品的应该实行文化事业单位管理，私人产品应该属于文化产业管理，介于二者之间的可以采用混合体制。现在许多文化单位实行的“事业单位

---

① 尹继佐主编：《文化创新与城市发展：2002年上海文化发展蓝皮书》，上海社会科学院出版社2002年版。

企业运行”体制应该适度保留。①

2.文化产业的社会效益和经济效益关系研究。由于文化产品和服务具有意识形态和商品双重属性，文化产业就具有了社会效益和经济效益。理论界对文化产业两种效益的关系占主导地位的观点是文化产业要将社会效益放在首位，其次才是经济效益，这主要是由文化产品的意识形态属性决定的。另一种观点认为，文化产业是以追求利润为目标的，这就决定了文化产业事实上必然将经济效益放在首位，社会效益是在经济效益基础上实现的。

3.文化管理体制。由于我国文化管理体制改革还没有全面启动，理论界的探讨集中在对改革目标模式和思路的研究方面。十六届三中全会指出改革的目标模式为：按照社会主义精神文明建设的特点和规律，适应社会主义市场经济发展的需要，逐步建立党委领导、政府管理、行业自律、企事业单位依法运营的文化管理体制。齐勇峰进一步对国有文化部门战略性重组进行了研究，主张按照国家关于国有经济战略性重组的思路，对国有文化部门进行战略性重组。②

① 焦斌龙：“文化产品产权属性演变及其对文化体制改革的启示”，《开发研究》2004年第7期。

② 齐勇峰：“国家文化发展战略与国有文化部门的战略性重组”，叶取源等主编：《中国文化产业评论》第1卷，上海人民出版社2003年版。

4.政府职能转变。在文化管理体制改革中,政府的职能应该如何定位,理论界的研究基本统一在政府职能要由"办文化"转变为"管文化",同时,"管文化"要遵循"有所为有所不为"原则,对于关系到国家文化和信息安全的垄断性行业和非盈利性行业,要"有所为",对于与国家文化和信息安全关系不大的竞争性行业要"有所不为"。

五、文化产业内部各行业发展研究

行业的发展是文化产业研究始终关注的问题,我国学者关于文化产业内部各行业发展的研究主要集中在作为文化产业核心领域的行业发展的研究。喻国明长期集中于对传媒业发展的研究,认为传媒业的经济学本质在于影响力经济,因此传媒影响力是传媒产业着力打造的核心竞争力。① 我国传媒业还没有真正热起来,还没有真正市场化,当前还是一个高风险行业。② 制约当前传媒业发展的主要障碍在于传媒业的宏观改革滞后于微观改革,"守土有责"的管理观念制约着传媒业的发展,还没有形成有利于传媒业发展的宏观环境。③ 尹鸿对我国传媒

① 喻国明:"关于传媒影响力的诠释",叶取源等主编:《中国文化产业评论》第1卷,上海人民出版社2003年版。

② 喻国明:"对于我国传媒产业现实发展状况的基本判断",《文化蓝皮书:2001—2002年中国文化产业发展报告》,社会科学文献出版社2002年版。

③ 同上书。

产业核心竞争力进行了研究。[①] 竺培芬从生存环境视角对我国媒体的整合进行了探索。[②] 谭晓雨等人连续对我国传媒业的经营与发展进行了跟踪研究。[③] 新华社中外媒体发展战略研究中心对我国传媒结构与市场份额进行了统计和剖析。[④] 邵培仁等人从战略管理的一般要素出发,结合传媒产业的特点,对媒介的战略管理首次进行了深入研究。[⑤] 孟建对广电产业的整体发展进行了研究。[⑥] 熊文泉等人对我国电视剧产业化的战略和问题进行了研究。[⑦] 张朝霞通过借鉴国外音乐剧产业化策略对音乐剧产业化的本土化策略进行了研究。[⑧] 魏小安等人持续对我国旅游业发展状况进行了跟踪研究。[⑨] 王矩对我国音

① 尹鸿:"全球化背景下中国传媒核心竞争力初探",叶取源等主编:《中国文化产业评论》第1卷,上海人民出版社2003年版。

② 竺培芬:"对中国媒体整合的探索与研究",叶取源等主编:《中国文化产业评论》第1卷,上海人民出版社2003年版。

③ 谭晓雨等:"中国传媒业的经营与发展报告",《文化蓝皮书:2004年中国文化产业发展报告》,社会科学文献出版社2004年版。

④ 新华社中外媒体发展战略研究中心:"中国传媒结构与市场份额分析",《文化蓝皮书:2004年中国文化产业发展报告》,社会科学文献出版社2004年版。

⑤ 邵培仁等:《媒介战略管理》,复旦大学出版社2003年版。

⑥ 孟建:"中国广电产业改革的奋进与迷思",叶取源等主编:《中国文化产业评论》第1卷,上海人民出版社2003年版。

⑦ 熊文泉等:"中国电视剧产业化研究论纲",叶取源等主编:《中国文化产业评论》第1卷,上海人民出版社2003年版。

⑧ 张朝霞:"论中国音乐剧产业的本土化策略",叶取源等主编:《中国文化产业评论》第1卷,上海人民出版社2003年版。

⑨ 魏小安等:"中国旅游产业发展报告",参见http://www.case.net.cn。

像产业的产业规模、产业基础、产业结构和产业发展等问题进行了研究。[①] 黄升民等人对我国广告业的发展进行了跟踪研究。[②] 网络信息产业又称为信息文化产业，近年来得到大力发展，范新宇对我国网络信息产业的兴起逻辑及其发展状况和未来进行了探讨。[③] 北京体育大学易剑东等人对我国体育产业的发展进行了研究。[④] 曹鹏分析了我国报业的市场格局和发展趋势。[⑤] 金碚所著的《报业经济学》运用经济学理论从报纸的使用价值二重性、消费者二重性、支出二重性、价格二重性、市场二重性等出发，对报纸的生产、需求、供给决策、市场结构、策略行为、人力资源、发展战略、政府管制等经营行为进行了深入分析。[⑥] 张泽青对我国期刊业20世纪的发展和21世纪的发

① 王矩："中国音像产业的产业基础与发展"，《文化蓝皮书：2004年中国文化产业发展报告》，社会科学文献出版社2004年版；"中国音像产业的产业规模和结构"，《文化蓝皮书：2003年中国文化产业发展报告》，社会科学文献出版社2003年版。

② 黄升民等："2001—2002年中国广告业发展报告"，《文化蓝皮书：2001—2002年中国文化产业发展报告》，社会科学文献出版社2004年版；"2002—2003年中国广告业发展报告"，《文化蓝皮书：2003年中国文化产业发展报告》，社会科学文献出版社2003年版。

③ 范新宇："网络信息产业的兴起和发展"，《文化蓝皮书：2001—2002年中国文化产业发展报告》，社会科学文献出版社2004年版。

④ 易剑东："中国体育产业昂首迈进21世纪"，《文化蓝皮书：2003年中国文化产业发展报告》，社会科学文献出版社2003年版。

⑤ 曹鹏："中国报业市场格局与发展趋势"，《文化蓝皮书：2003年中国文化产业发展报告》，社会科学文献出版社2003年版。

⑥ 金碚：《报业经济学》，经济管理出版社2002年版。

展进行了展望。[①] 国家文物局朱晓东等人对我国“十五”时期的文博产业信息化进行了研究。[②]

六、入世与文化产业

我国于2001年12月11日正式加入WTO，在此前后，许多学者研究了加入WTO对我国文化产业的影响。张正焉等详细论述了加入WTO的新形势下我国文化产业发展的趋势以及国家对文化产业政策的把握等问题。[③] 张国刚等人分析了加入WTO后，我国文化产业面临的机遇和挑战，以及应对之策。[④] 胡惠林探讨了我国文化产业在面临西方强势文化和文化霸权主义冲击下如何构筑有效的文化安全体系。[⑤] 张晓明认为入世是我国发展文化产业的外部促进因素，入世后，我国文化产业领域的竞争将呈现以夕阳产业换我朝阳产业的国际性产业发展格局不对称、以产业实力博我资源潜力的国内外文化产业发展不对称、以产业高端对我产业低端的已承诺开放领域

---

① 张泽青：“‘九五’期间我国期刊事业发展状况回顾及新世纪我国期刊事业的展望”，《文化蓝皮书：2003年中国文化产业发展报告》，社会科学文献出版社2003年版。

② 朱晓东：“‘十五’时期我国文博信息化发展战略”，《文化蓝皮书：2003年中国文化产业发展报告》，社会科学文献出版社2003年版。

③ 张正焉等：《WTO与中国文化产业政策》，中共中央党校出版社2001年版。

④ 张国刚：“WTO与中国文化产业”，《前沿》2000年第6期；“中国文化产业应对‘入世’的科学举措”，《理论探讨》2001年第2期。

⑤ 胡惠林：“文化产业发展与国家文化安全——全球化背景下中国文化产业发展问题探索”，《上海社会科学院学术季刊》2000年第2期。

竞争不对称的竞争格局，以及WTO规则方面的规则不对称局面。[①] 对于如何应对入世对我国文化产业的影响，胡惠林提出要实施"文化走出去"战略，尤其是要重点加强文化产品和服务的走出去，要从政策上给予大力扶持，要推动文化产业的结构的战略性调整。[②] 张晓明提出要根据国际文化产业的特点，制定我国的文化产业国家发展战略，要以文化艺术的原创带动新一轮信息技术革命，要以文化产业带动信息产业，以产业政策引导企业整合，以制度创新应对制度竞争。[③]

七、国外文化产业管理体制比较研究

由于我国的文化产业起步较晚，又处于文化管理体制改革过程中，因此，比较和借鉴国外的经验就成为学者们的重要研究内容。孟晓驷从资金实力、科技水平、市场运作能力、创新能力和市场竞争能力角度对我国和国外文化产业进行了全方位的比较，并指出在国外强势文化产业的冲击下，我国的文化资源和文化市场受到最大的影响，我们应该通过塑造市场主体、加快制度建设、加快科技在文化产业中的应用和鼓励文化企业走出去等积极

---

① 张晓明："当代文化产业及加入WTO对中国文化产业的影响"，叶取源等主编：《中国文化产业评论》第1卷，上海人民出版社2003年版。

② 胡惠林："'入世'后中国文化产业发展的责任"，叶取源等主编：《中国文化产业评论》第1卷，上海人民出版社2003年版。

③ 张晓明："当代文化产业及加入WTO对中国文化产业的影响"，叶取源等主编：《中国文化产业评论》第1卷，上海人民出版社2003年版。

应对。[①] 永春介绍了韩国发展文化产业的战略和措施。[②] 戴茸等人研究了加拿大的文化产业政策，张英保介绍了澳大利亚文化产业发展状况，范中汇介绍了英国文化产业发展状况，张志宏介绍了美国文化产业发展的经验，张爱平介绍了日本文化产业的特点，苏旭介绍了法国文化产业发展状况等。[③]

八、文化产业投资、消费和市场

随着文化产业的发展，关于文化产业的投资、消费以及文化市场的基础性研究进入学者们的研究视野。关于文化市场的研究大多数学者集中在对单一文化市场的研究，如娱乐市场、出版市场等，对于市场的深度分析并不多见。对于文化消费的研究，李康华指出我国文化消费存在在总体增长背景下的区域间和群体间明显的不平衡性和非均衡性。[④] 他认为，文化消费是我国启动内需的有效途径，当前制约我国文化消费需求的制约因素在于危机管理缺场、风险意识淡薄、消费心理不清、技术手段落后、流通渠道不畅、配送机制失效、服务内容老化、经营模

① 孟晓驷："中外文化产业比较"，《光明日报》2003年8月23日。

② 永春："韩国发展文化产业的战略与措施"，《中国文化报》2003年8月22日。

③ 具体参见江蓝生等：《文化蓝皮书：2001—2002年中国文化产业发展报告》，社会科学文献出版社2002年版。

④ 李康华："中国文化消费现状及趋势报告"，江蓝生等：《文化蓝皮书：2001—2002年中国文化产业发展报告》，社会科学文献出版社2002年版。

式单一等。[①] 文化投资方面，主要集中在文化产业与资本市场接轨和文化产业投融资体制改革方面。第二届中国文化产业(国际)论坛的主题就是文化强省建设与资本市场拓展，专门对此问题进行了研讨。高宗仁联系跟踪我国资本市场发展与文化产业在资本市场中的表现，先后分别发表了一系列文章对我国文化上市公司发展状况、资本市场改革对文化产业带来的机遇等问题进行了探讨。齐勇峰提出文化产业投融资体制改革将是我国文化体制改革的突破口，并提出要形成多元化的文化产业投融资机制，形成新型文化产业投融资主体、通过建立基金、上市、发行债券等方式拓展文化产业的融资渠道。[②] 花建对世界文化产业投资进行了比较研究，并提出了我国文化产业投资的战略。[③]

当然，关于我国文化产业理论的研究还有文化产业主体培育、文化企业改革、文化产业与知识经济、高新技术与文化产业、文化产业与经济增长等内容，由于它们的研究成果较少，在此就不一一赘述了。

---

① 李康华："当前中国文化消费需求的若干制约因素"，江蓝生等：《文化蓝皮书：2004 年中国文化产业发展报告》，社会科学文献出版社 2004 年版。

② 齐勇峰："关于推动文化投融资体制改革的初步探讨"，江蓝生等：《文化蓝皮书：2004 年中国文化产业发展报告》，社会科学文献出版社 2004 年版。

③ 花建：《文化金矿》，海天出版社 2004 年版；"中国文化产业投资战略的思考"，《上海社会科学院学术季刊》2002 年第 2 期。

总体而言，我国文化产业理论的研究呈现出以下特点：

1.启蒙阶段结束，步入起步阶段。我国文化产业理论真正的开始应该是20世纪末期，到现在仅仅几年的时间，一切还处于发展过程中。一方面，理论界研究的重心是对国外相关理论的介绍、现实中存在问题的探讨这些现象性的问题，缺乏深度理论研究，对文化产业性质和规律的认识还处于逐步深化过程中，没有形成相对成熟的理论体系和研究框架，甚至专门论述文化产业的论著都比较少，关于文化产业的研究散见于各处。另一方面，全国还没有形成一个研究文化产业的研究队伍，大多数学者是在研究其他问题时“客串”到文化产业领域中的。而且，就所采用的研究工具而言，基本上是定性研究，很少有定量研究，由于整体统计数据的缺乏，对我国文化产业发展态势的基本判断都很难把握。但是，从学者们涉及的研究领域看，我国文化产业理论已经开始触及文化产业的内部，关于文化产业投融资、文化消费、文化产业主体培育、区域文化产业发展以及文化产业产业结构等深层次问题已经引起我国学者的关注，并开始了初步研究。因此，总体而言，我国文化产业理论启蒙阶段已经结束，开始步入起步阶段。

2.经济学和管理学的研究严重欠缺。虽然文化产业具有较强的意识形态属性，但是，文化产业最终属于一种产业,是一种经济现象,其核心在于文化的产业化。因此,从经济学、管理学角度进行研究是非常必要的,也是理解文化产业的发展规律所要求的。但是,由于我国文化产业刚刚起步,文化产业理论研究也刚刚开始,无论从发表的成果,还是从事文化产业研究的人员构成看,我国文化产业理论仍然以文化研究为主流。从经济学和管理学角度进行的研究很少,只有很少的学者开始了这方面的研究,如对工业化与文化产业的研究、关于文化投融资的研究、文化消费的研究等。总体而言,从经济学和管理学角度进行的研究还没有进入我国文化产业理论的主流,还处于边缘位置。这显然与文化产业的产业属性是背离的,是不符合文化产业理论发展潮流的。

3.微观层面的研究亟待强化。由于起步晚,我国理论界对文化产业还缺乏深刻的认识,我国文化产业理论侧重于宏观研究;侧重于文化产业面临的机遇和挑战,发展文化产业的意义、作用的论证和描述;侧重于文化产业战略、文化体制改革的研究;侧重于对文化产业性质的探索。有一些学者开始深入到一定层面,探讨区域经济发展和文化产业、文化产业政策和地区文化产业发展规划的研究。但是,从微观角度进行的研究非常欠缺。事实上,作为一个产业必然具有其坚实的微观基础,缺乏微观基础的产业是不能够长久的。我国文化产业现在最缺乏的正是微观主体,就是来自微观的支持。因此,关于文化产业微观研究是我们应该加强的方面。

4.跨学科的研究有待加强。由于文化产业融合了文化学、艺术学、社会学、心理学、经济学、管理学、新闻学、管理学、传播学等诸多学科的知识,因此,构建一个系统的文化产业理论,必须进行跨学科的研究。从学科属性看,文化产业应该属于一个跨学科、边缘性较强的新兴学科。从我国文化产业理论当前的状况看,基本上处于单打一的状况。各个学科单独进行研究,从本学科角度提出对文化产业的理解,跨学科的研究极少。这一方面由于我国学科设置过细,限制了学者们的研究领域,另一方面由于学者们知识储备所限,懂文化的不懂经济学、管理学,懂经济学和管理学的不懂文化、社会学等。但是,要真正推进我国文化产业理论的研究,必须加强跨学科研究。

第三节　本书的研究角度

本书立足于弥补我国文化产业理论缺乏经济学角度研究的不足,以经济学的基本理论为支撑,剖析文化产业发展的内在逻辑,是纯粹经济学意义的文化产业理论研究。选择这一角度是基于我们的文化产业观,即,文化产业本质上是一种经济现象,作为经济现象理应从经济学角度进行研究,才能够揭示其发展规律。作出这样的判

断是基于以下考虑:

从概念的内涵和外延看,文化产业是一个产业概念,而不是一个文化概念。尽管国内外理论界对文化产业概念尚无一个公认的、准确的界定,但是,理论界还是基本达成以下共识:文化产业是一个产业;文化是文化产业的基础和内容,产品与服务是文化的载体;与精英文化创作和传播方式不同,文化产业将工业化的方式和手段运用于对大众文化的传播。从理论界的三点共识可以看出,尽管大众文化是文化产业的内容和基础,但是文化产业的重心在于运用产业化手段和方式经营文化,将文化的创作和传播纳入到经济运行轨道中,从而形成区别于其他产业的产业链条和产业结构。也正是在此意义上,文化的创作和传播成为一个独立产业,即文化产业。因此,文化产业必然是一个经济和产业概念,而不是文化概念。

从文化产业与文化事业的划分看,文化产业更侧重于经济方面。文化事业和文化产业的划分是在党的十六大报告中首次提出来的,理论界认为,这"标志着文化产业在我国合法化过程的结束"。文化产业被国家正式承认,并明确与文化事业分开,意味着对文化产业运用产业化手段创作和传播文化功能的肯定。虽然,国家提出发展文化产业要将社会效益放在首位,要实现经济效益与社会效益的统一,但是,这种划分本身就意味着,纯粹的文化发展与传播、文化的意识形态功能主要由文化事业承担,而文化产业则获得了产业形态,成为一支全新的经济力量,更侧重经济功能。

从文化产业自身发展历程看,文化产业表现出经济性逐步增强,不断走向完善的特征。文化产业概念是20世纪50年代由法兰克福学派提出的,但是,文化产业的发展则是在资本主义社会中期就已经起步,并在近代取得迅猛发展。这得益于文化在技术支撑下取得了产业化经营方式,从而实现了文化与经济的有效结合。最初的文化是精英文化,文化的传播局限于具有特权的精英群体,文化产品与服务没有任何经济价值,文化与经济是严格分离的。随着人们生活水平的提高,普通大众产生了文化消费需求,文化产品与服务开始具有了经济价值,大众文化应运而生。但是,从文化创作到文化消费之间缺乏沟通的桥梁,文化的生产与消费仍然处于隔裂状态,文化仍然没有取得有效的传播手段,文化与经济仍然难以有效结合。以印刷、电磁和网络技术为代表的传媒技术的发展为文化的生产与消费构筑了沟通的桥梁,传媒产业应运而生,并借助技术的发展不断拓展其边界。如纸质媒体的出现带来了印刷业和出版业的发展,复制技术的发展带来广播影视业的发展,网络技术的发展则带来了新兴的网络游戏业等。在技术支撑下,文化逐步被赋予了更多的产业属性和经济属性,文化产业成为一个新兴产业。不仅如此,文化一旦被纳入到经济循环之中,其经济属性和产业属性就会得到进一步强化，文化产业拥有了庞大的营销系统和经营管理系统。尽管文化产业对文化内容的依赖越来越强，但是其强大的运营能力使文化的创作也已经被纳入到产业化经营链条之中。文化逐步成为文化产业产业链条中的内容供应环节和文化产业区别于其他产业的标志。文化产业的经济性进一步增强，独立的产业系统得以建立。

从国际文化产业理论发展过程看，对文化产业的产业运行研究逐步占据主导地位。国际理论界对文化产业的研究首先是在文化领域开始的。本雅明探讨了工业化时期复制技术对传统"韵味"破坏下艺术的社会和认识功能的变化。阿多诺虽然首次使用文化产业概念，但他对文化产业持批判态度，认为文化产业不是艺术，是欺骗群众的启蒙精神。以英国伯明翰大学当代文化研究中心为代表的学院派，采用哲学、政治学、文学概念对文化产品中所包含的内容进行意识形态方面的探讨，注重研究文化产业的符号生产机制及符合生产的原则。但是，仅仅从文化角度对文化产业的研究显然不能满足文化产业发展的需要，许多学者开始从经济学角度研究文化产业。费斯克把文化经济作为区别于金融经济的特殊现象加以经济学解释，对文化产业的基本特征、文化的产生、消费及其价值进行了研究；侧重于解决实际问题的应用文化产业理论，结合各国文化产业实践和文化产业政策，采用经济学、管理学和社会学的概念,对文化产业的生产、流通、传播的过程进行研究。兰蒂将经济学的价值链分析法引入对文化产业的研究,提出文化产业的五阶段过程:开始、创造性到形成产品、流通、发送机构、观众与接受。从当前国际文化产业理论界的研究趋势看,对文化产业产业化运营的研究已经逐步占据主导地位。

第二篇　分工演化与文化产业

文化产业作为一个新兴产业，被人们称为21世纪的黄金产业、21世纪的主导产业。作为21世纪的一种典型经济现象，文化产业的兴起和发展必然蕴藏着某种经济逻辑。正如英国经济学家马歇尔所言：经济进化是渐进的，它的前进运动绝不是突然的，它是以部分自觉与不自觉的习惯为基础的。决定文化产业兴起与发展的这类"自觉与不自觉的习惯"，主要是分工理论。本篇试图运用分工理论，结合分工演化对文化产业的兴起逻辑进行经济学的解读。

第四章　文化产业：一种分工角度的解读

对于文化产业的兴起与发展，目前理论界基本上主要从以下角度进行解读：(1)经济发展逻辑，又称为“经济文化化”逻辑。即认为随着经济发展，产业中心将逐步由有形财物的生产转向无形的服务性生产，产业结构上体现为产业的下游化和服务业的主导性支配地位，整个经济由物质经济向知识经济转变，文化产品的生产和服务的提供成为整个社会的主导力量。另一方面，随着人们物质财富的增加，物质需求基本得到满足，开始追求精神文化需求，消费的“脱物化”成为消费的主流，从而对文化产品和文化服务提出巨额需求。在这两方面的推动下，经济文化化潮流涌现，文化产业诞生。(2)文化发展逻辑，又称为“文化经济化”逻辑。即认为传统的文化发展规律在人们广泛的文化需求冲击下，伴随现代传媒技术的发展，在传统的创作—保存的两环节之间加入了能够使原创性文化面向大众的、基于复制技术的现代传媒工业，从而在文化消费和供给之间架起了产业联系的桥梁，使文化的发展纳入了经济轨道,文化资源成为经济资源,文化传统成为现实财富。这两种逻辑基本反映了文化产业兴起的内在逻辑,但是,这两种逻辑事实上是一种现象的总结,它们拥有一个共同的逻辑基础,这一逻辑基础就是分工。本章正是从分工角度对文化产业进行解读,以将理论界的以上两种解释放在统一的框架之下。

第一节　分工的产生、发展及其影响:理论的演进

早在古希腊时期,柏拉图在其《理想国》中就论述了分工的产生及其影响:(1)人的多种需要是分工产生的根源。人的需要是多方面的,而个人的能力则是片面的,有限的能力无法同时承担满足各种需要的不同劳动。既然个人不能自给自足,那就必定需要各种交换,就必定出现相应的劳动分工。(2)分工一旦产生,就使工作变得更容易、更丰富而且质量更好。分工之所以有这种作用,柏拉图认为主要有两个原因,其一是人的先天条件不同,分工能够促使他从事一件天生适合于他的事情;其二是专业化的影响,即人们只有专门从事一种工作时,才能熟练并高质量地把事情做好。柏拉图注意到了分工对经济增长的积极影响,但他把目光主要投向了分工对使用价值生产的作用,而不是对劳动生产率的影响,因而不可避免地

具有表面性和主观性的缺陷。尽管如此,柏拉图的上述思想在分工理论发展史中仍占有主要的地位。马克思指出:“柏拉图在《理想国》中的论述,对于在配第之后但在斯密之前写作分工问题的一部分英国著作家来说,是直接的基础和出发点。”[①]

在柏拉图分析的基础上,斯密在《国富论》中考察了分工的产生与发展。斯密认为“分工起因于交换能力”[②]。人类有三种不同于动物的“本然的性能”:一是“互通有无的能力”;二是“相互依赖型”;三是“利己心”。由于这些天然性能,使得人类具有交换能力,使天赋资质的差别“交互为用”,形成了社会分工。显然,斯密对分工起源的认识继承了柏拉图需要产生分工的观点,但与柏拉图不同的是,斯密不仅分析了分工产生的根源,还进一步分析了分工的发展。其结论是:“分工的程度总要受交换能力大小的制约,换言之,要受市场广狭的限制”[③];“市场要是过小,那就不能鼓励人们终生专务一业。”[④] 在“论分工受市场范围的限制”一章中,斯密还具体分析了影响市场范围的因素:市场范围与人口数量和密度、自然资源、可以得到的资本数量以及运输难易程度成正相关;此外,

① 《马克思恩格斯全集》第47卷,人民出版社1958年版,第324页。

② 斯密:《国民财富的性质和原因的研究》上卷,商务印书馆1972年版,第17页。

③ 同上。

④ 同上。

贸易的扩大与市场稳定性的提高也有助于分工的扩大。

不过,斯密对分工理论的主要贡献还在于其系统论述了分工对劳动生产率提高,从而对财富增长的影响。他认为,决定一国财富量大小的因素,一是劳动生产力,二是生产者与非生产者之间的比例,其中起作用较多的是劳动生产力,而分工正是决定劳动生产力的基本因素。他以当时的制针业为例,论述了分工对劳动生产率的影响。"有了分工,同数劳动者就能完成比过去多得多的工作量,其原因有三:第一,劳动者的技巧因专业化而日进;第二,由一种工作转到另一种工作,通常会损失不少时间,有了分工,就可以免除这种损失;第三,许多简化劳动和缩减劳动的机械发明,使一个人能做许多人的工作。"① 因而,"劳动生产力上最大的增进,以及运用劳动时所表现出的更大的熟练、技巧和判断力,似乎都是分工的结果。"② 并且劳动生产率的提高会直接促进经济增长,"一个国家的产业与劳动力的增进程度如果是较高的,则其各种行业的分工也都达到极高的程度。"③ 斯密明确指出,其他因素只是通过影响分工而影响经济增长,如投资是提高迂回生产过程中分工水平的工具,市场的功能是

---

① 斯密:《国民财富的性质和原因的研究》上卷,商务印书馆 1972 年版,第 5 页。

② 同上。

③ 同上书,第 7 页。

协调分工网络等。在以上分析的基础上,斯密得出了“分工是经济增长的源泉”的著名结论。

马克思高度评价了斯密的上述观点,他指出:“斯密的独到之处就在于他把分工放在首位,并且把分工片面地(因而从经济上来说是正确的)看做提高劳动生产力的手段。”[①] 不过,由于斯密混淆了企业内部分工与社会分工的界限,这一缺陷导致斯密直接把企业内部分工的作用(主要是专业化)推广到整个社会,从而将分工影响劳动生产力的途径简单化、片面化。事实上,斯密的分工理论在本质上是专业化理论。

与斯密不同,马克思更为强调协作[②],而不是专业化的对劳动生产力影响。马克思认为,分工属于协作,又不同于简单协作,它是协作的高级形式。这种协作的特征在于,许多人在同一时间内从事互不相同的劳动,并且“分工是一种特殊的、有专业划分的、进一步发展的协作形式”[③]。

在区分了两类不同性质的分工的基础上[④],马克思在其巨著《资本论》的“分工和工场手工业”一章中也详细论

① 《马克思恩格斯全集》第47卷,人民出版社1958年版,第324页。

② 协作,是指许多人在同一生产过程中或在不同的但相互联系的生产过程中,有计划地一起协同劳动的劳动形式。

③ 《马克思恩格斯全集》第47卷,人民出版社1958年版,第324页。

④ 一类是作为资本主义生产方式的企业内部分工,另一类则是存在于商品经济中的社会生产分工。

述了分工对劳动生产率的影响。分工的效果要么是个人劳动根本不可能达到的,要么只能在长得多的时间内或者只能在很小的规模上达到。这主要表现在以下几个方面:(1)协作不仅提高了个人生产力,而且是创造了一种生产力,这种生产力本身必然是集体力;(2)协作可以提高劳动者的劳动效能,因为这样的社会接触就会引起竞争心和特有的精力振奋,从而提高每个人的工作效率;(3)从时间上说,由于协作劳动带有连续性与多面性,从而能节约或缩短制造总产品所必要的劳动时间,或在短时期内完成紧迫的任务;(4)协作可以扩大劳动的空间范围,同时也可以通过劳动者的集结、不同劳动过程的靠拢和生产资料的积聚,在空间上缩小生产领域,而这种缩小会节约非生产费用。

因此,"和同样数量的单干的个人工作日的总和比较起来,结合工作日可以生产更多的使用价值,因而可以减少生产一定效用所必要的劳动时间。不论在一定的情况下结合工作日怎样达到生产力的这种提高,是由于与提高劳动的机械力,是由于扩大这种力量在空间上的作用范围,是由于与生产规模相比相对地在空间上缩小生产场所,是由于在紧急时期短时期内动用大量劳动,是由于激发个人的竞争心和集中他们的精力,是由于使许多人的同种作业具有连续性和多面性,是由于同时进行不同的操作,是由于共同使用生产资料而得到节约,是由于使个人劳动具有社会平均劳动,在所有这些情形下,社会工作日的特殊生产力都是劳动的社会生产力或社会劳动的生产力。这种生产力是由协作本身产生的。劳动者在有计划地同别人共同工作中,摆脱了他的个人局限,并发挥出他的种属能力。"①

马克思认为,作为生产社会化形式的分工是由生产力发展的一定历史水平决定的。分工的产生首先是物质条件,其中主要因素有:剩余劳动时间的形成、生产工具的进步,以及由此引起的生产规模扩大和具体劳动种类的发展、人口的增加和集中、交换活动。在这些客观因素的作用下,分工才逐渐地、历史地形成。首先出现的是男女之间的分工和地域之间的自然分工,然后是三次社会大分工,与此同时,逐渐形成生产劳动和非生产劳动、物质劳动与精神劳动的社会基本分工,以及城市与乡村之间的综合分工。

从分工对劳动生产力影响途径的角度来看,斯密与马克思的分工理论事实上反映了两种分工观:(1)分工的专业化理论,即随着分工程度的提高,工人将越来越多的时间用于生产一种产品,工人的相关技能会显著提高;(2)分工的协作理论,即分工意味着经济的多样化,随着新行业、新产品的出现,生产和合作程度不断提高,从而

① 马克思:《资本论》第1卷,人民出版社1975年版,第366页。

推动了社会"整体生产力"的提高。但是,与其说斯密的专业化理论与马克思的协作理论是矛盾的,倒不如说二者是互补的。所有的专业化生产必然需要通过协作来完成,而所有的协作过程又必然留下专业化的烙印,事实上二者对劳动生产力的影响是无法分解的。将二者统一起来的工作是由扬格完成的。

扬格注意到了分工影响劳动生产力途径的复杂性,从而进一步发展了分工理论。扬格的主要思想为:生产率与劳动分工的关系是经济学的核心问题,经济增长最重要的理论基础应该是劳动分工的演进,技术进步是这个演进过程的表面现象,并且这种技术进步源于劳动分工的发展。扬格认为,劳动分工不仅指职业分离与专业化技能的发展,还包括迂回生产方式的形成。分工影响劳动生产力的途径主要有:(1)个人的专业化水平,这种专业化水平随着每个人活动范围的缩小而提高;(2)生产的迂回程度;(3)产品种类数。其中,他重点强调了迂回生产方式对经济增长的作用。他认为,促进经济增长的直接因素是规模报酬递增①(单位产品的成本随生产单位的总产出率和随累积的生产时间而降低),而导致规模

① 卡尔多的实证分析支持了扬格的判断。卡尔多研究了12个工业发达国家经济增长率与该国工业部门产出规模的正相关关系,认为如果没有工业部门内部的规模收益递增,应当只能观察到正常的GNP增长率,而不是随工业规模递增的GNP增长率。

报酬递增的因素除了专业化之外,主要是资本的积累以及大规模的机器形式的采用或长时间的培训,这些因素被庞巴维克称为“迂回的生产方式”。扬格对迂回生产方式的强调非常接近于马克思强调的协作。

斯密主要论证了劳动分工如何受市场规模的限制,希克斯注意到了市场和分工的相互作用,例如他认为最早的市场主体是商人,而后者的专业化取决于“需求的集中程度”;扬格则明确提出“不但市场的大小决定分工程度,而且市场大小由分工程度所制约”的著名论断。他指出,不是人口规模而是有效购买力直接决定了市场范围的大小。专业化与迂回生产方式导致的规模递增可以降低单位成本从而使给定的家庭收入的购买力上升,这就扩大了市场的规模。区别于按人口规模或国土规模度量的“外延的”市场规模,由分工导致的市场规模扩大被称为“内涵的市场规模”扩张。这时限制分工演进速度的因素既包括了人口与国土规模等外生因素,也包括了制度演进的方向与速度、各种资本品的积累程度和产品需求的弹性①等内生因素。

从以上分析中可以看出:斯密、马克思与扬格的一个共同特征是相对忽视了分工影响劳动生产力的第三条途径——合理配置劳动力。虽然如我们前面提到的,柏拉

① 需求对价格的高度弹性意味着内涵市场规模扩张的潜力。

图曾强调了这一途径——分工能够促使他从事“一件天生适合于他的事情”。忽视之所以成为经典作家的共同选择,是因为他们认为,人类的天赋才能的差异,实际上并不像我们所感觉的那么大。人们在壮年时在不同职业表现出来的不同才能,与其说是分工的原因,倒不如说是分工的结果。

经典作家们显然低估了人与人之间能力的差异。首先,人的能力有许多种,如生存能力、制造工具的能力、处理人际关系的能力、管理能力等等,不同的人之间能力的发展不可能非常平均,如黑人的运动能力较好,而黄种人的计算能力较好;其次,这些能力的形成与获得是随着生产力的发展与社会进步不断积累进行的,在不同的社会条件下,人的能力也必然存在差异;最后,分工一般发生于成年之后,在这以前劳动者通常会进行一定的人力资本投资,而针对不同方向的人力资本投资显然会加强人与人之间能力的差异。

如果人与人之间能力的差异不仅存在而且巨大,那么合理配置劳动力,使其从事自己最适合的职业就显然有助于劳动生产力的提高。事实上,另一个著名的经典作家李嘉图就曾强调了外生比较优势与分工的关系,而外生比较优势就源自人们做分工决策之前的能力差异。

至此,我们获得了分工影响劳动生产力的三个途径:配置资源、协作(生产迂回程度)与专业化。从逻辑上讲,这三个途径基本上可以涵盖技术进步的所有来源:阿罗来源(资本积累对生产经验的影响)可以理解为专业化;而卢卡斯来源(教育对人力资本的影响)与格罗斯曼和赫尔普曼来源则可以理解为协作程度的增加。这就意味着,是分工的发展而不是其他任何因素直接推动了经济的增长。自20世纪50年代以来,对分工的分析基本上遵从了下述三个方向。第一个方向以新古典贸易理论为代表,他们用外生比较优势来解释国与国之间的分工。在本书的很多章节里,我们将对其进行详尽的讨论。第二个方向以罗默等人的新经济增长理论为代表。他们首先将分工直接视为产品的多样化,接着采用传统的边际分析方法,利用规模经济解释了产品种类数的形成;但是由于在这类模型中,分工与完全竞争不能相容,所以这类模型放弃了传统的完全竞争假设转而求助于垄断竞争的市场环境。其后果是:罗默认为,决定分工深化与技术进步的不是市场容量,而是生产中存在的固定成本。第三个方向以贝克尔、杨小凯等人为代表,他们从个人选择出发,利用每个人的专业化决策解释了分工的形成与发展。贝克尔模型中专业化的好处主要来自于每种活动中的固定人力资本投资,专业化可以减少重复学习费用,因而提高每人学习费用的利用率。分工程度的增加有两方面的影响:(1)通过专业化使经济产生递增的收益;(2)增加经济的协调成本,最优的分工水平取决于二者的比较。但是,知识积累一方面有利于提高专业化的好处,另一方面也有利于降低经济的协调成本,因此有利于提高分工水平。在此认识的基础上,贝克尔认为,限制分工的主要不是市场容量,而是由专业化引起的协调成本的增加和全社会知识存量的规模。

总之,从古希腊的哲学家到近代资产阶级经济学家,从无产阶级经典作家到现代西方经济学家,都认为经济增长的微观基础在于分工的演进。分工程度的增进有效配置了人力资源,加速了人力资本和生产经验的积累,形成了经济实体间相互依赖的协作效应,从而提高了劳动生产力。而在一定的社会经济条件下(制度、知识存量),劳动生产力的提高又促进了市场容量的扩大,从而进一步刺激分工向深度演进。正是在这种分工的循环演进的过程中,分工不断细化,人均收入和产出数量与品种增加,实现了经济的持续增长。①

第二节 文化产业:分工角度的解读

市场规模的扩张带来了分工的深化,分工的深化提高了专业化水平,产品的品种和数量增加,经济实现增长。当一种新的社会分工达到一定规模时,一种新兴产

① 汤敏、茅于轼主编:《现代经济学前沿问题》第2集,商务印书馆1993年版,第53页。

业得以兴起和发展。而一旦一种分工成为一种产业，产业的发展和扩张又会推动本产业内部的分工演化，从而形成一个分工和产业良性的互动关系。文化产业正是在这种分工与产业演化过程中诞生与兴起的。本节将具体剖析这一演变逻辑。

一、分工演化与文化产业

从社会基本分工的角度来看，人类社会的生产分为物质产品生产和精神文化产品生产，物质产品生产的目的是为了满足人们的物质生活需求，精神文化产品生产的目的是为了满足人们精神文化生活的需求。依据我们前文对文化产业的定义，文化产业满足的主要是人们的非物质需求，也就是精神需求。

早在原始社会就存在着自然宗教活动和原始艺术等精神活动的历史事实表明，人们的精神需求几乎是与生俱来的，但是在原始社会，并没有出现专门的精神产品生产活动。其主要原因无疑是：当时分工程度很低，生产力极不发达，人们的劳动只能满足基本的物质需要。因此，固然“人的多种需要是分工产生的根源”，但是能否在这个根源上真正盛开分工的花朵仍然取决于劳动生产力(从而分工程度)的状况。

精神劳动同物质劳动的分离发生于奴隶社会初期。当时，社会三次大分工促进了生产力的发展，增加了剩余产品的数量，从而为非物质生产劳动的出现提供了物质基础。不过,由于当时的分工水平仍很低,有限的剩余产品主要为统治阶级所掌握,只有他们才能摆脱生存的压力,有条件满足精神的需要。所以,当时的专职文人数量非常少,精神劳动与物质劳动的分离程度有限。

伴随着(主要发生于物质生产领域)分工程度的提高,精神劳动与物质劳动的分离一直在进行着,但其速度非常缓慢。即使在被认为是"生产者与非生产者的分工获得空前发展"的1950年至1973年①,二者的分离也是极为有限的。虽然当时的第三产业发展很快,但是那时第三产业的主体是服务业,包括批发业、零售业、金融和保险、不动产,以及家务和社会事业性质的工作,专业性的、个人性的、商业性的、修理性的劳务以及军队、政府部门。显然,这个时期第三产业的发展主要是围绕着"服务于物质生产部门"的目标进行的,而不是专门的精神产品生产部门。

不过,持续进行的社会分工过程为精神劳动与物质劳动的大规模分离提供了必要的物质基础。"剩余劳动在一方创造出来,与此相适应,负劳动,即相对的懒惰(或者在最好的情况下,是非生产劳动)则在另一方创造出来。"② 随

---

① 其标志是:工业和农业在国民收入中的比例从20世纪50年代初的55%左右下降到80年代初的43%左右;相应地第三产业在国民收入中的比例从20世纪50年代初的45%左右上升到80年代初的57%左右。

② 《马克思恩格斯全集》第40卷上册,人民出版社1958年版,第381页。

着“工业化”的相继完成,物质生产部门普遍实现了机械化、自动化,劳动生产力空前提高,每个劳动者的生产量几倍甚至几十倍地增加,物质产品的极大丰富使得普通民众逐渐摆脱了对物质生产的依赖。

在基本的物质需求得到满足的基础上,人们开始关注文化上的、精神上的、心理上的需要,注重个体的全面发展和人的生存质量。一方面人们普遍缩短了劳动时间,相对延长了休闲时间,这就为精神产品消费提供了时间上的保证。据研究,约在一万年前,人们只能腾出 10% 的时间用于休闲;在公元前 6000 年到公元 1500 年期间,工匠和手工艺人担负了艰苦劳作,使部分人可以分出 17% 的闲暇时间;到了 18 世纪初,机器化革命使闲暇时间增至 23%;而到 20 世纪 90 年代,电力机械使闲暇时间增至 41%;在 21 世纪,新技术的发展使人们的闲暇时间有望增加到 50%。每周总工作时数,从 18 世纪的 72 小时下降到 1859 年的 69.8 小时,到 20 世纪 90 年代不足 40 小时。另一方面,随着消费者收入的上升,物质产品效用下降,精神产品效用提高,人们所固有的精神需求得以释放出来。著名的恩格尔系数与马斯洛的需求层次理论描述了后一趋势。欧美国家相继进入了“消费社会”时期。该时期的重要特征是:物质产品支出在总体消费支出中的比重相对下降,精神产品(如书籍、音像、影视、艺术产品、娱乐服务、旅游服务、信息与网络服务等)支出的比重相对增加。

精神产品需求的上升,促进了社会分工的发展,专门为社会提供精神文化产品和服务的劳动与物质产品生产劳动分离,成为一个单独的产业部门。到20世纪80年代初,这类产业已成为产业构成中的重要组成部分。例如早在1987年,日本经济审议会就充分注意到了这一趋势。他们认为,到21世纪初,物质生产(含第一、第二产业)、网络(包括金融、保险、运输、通讯、商业等)、知识服务部门(包括管理服务、医疗服务、消遣娱乐服务等)的产值将各占1/3。并且,物质生产部门所占比重下降而知识服务部门所占比重上升,将是未来产业结构变化的总趋势。甚至一些学者明确提出将第三产业中的物质生产劳动与精神劳动进行划分,将其中的精神劳动称为第四产业①。至此,精神劳动与物质劳动的分离开始广泛化,文化产业初步形成。

二、文化产业的形成与发展:技术的影响

如上节所言,一方面,分工带来了专业化,另一方面,专业化推动了分工的发展。其间,作为专业化产物的技

① "第三产业属于物质产品生产总过程的领域,而第四产业属于精神产品再生产总过程的领域……目前世界上流行的产业划分方法,忽视了这种重大差别……是很不科学、很不妥当的,需要加以改正。改正的办法,就是将第四产业从内容庞杂的第三产业中分离出来,使之成为与第一、二、三产业相并列的第四产业。"参见王树林主编:《21世纪的主导产业——第四产业》,京华出版社1996年版,第9页。

术成为推动分工发展的关键要素。作为分工演化产物的文化产业技术,尤其是传媒技术对其形成和发展过程具有举足轻重的地位。

从历史的发展来看,可以根据传播技术的差别,将人类传播媒介的发展分为口语媒介、书面和印刷媒介、电子媒介三个阶段。人类原始的媒介是直接交流的口语媒介,借助于人际间面对面的接触,通过身体和声音信息得以传播。在这种条件下,文化产品生产者本身就是文化产品的载体和媒介,文化产品只能以“实物服务和体力服务”的形式提供。相应地,文化产品的生产与提供只能局限于一个狭小的范围内。

书面媒介和印刷媒介的出现使得信息交流摆脱了对身体和声音的依赖,从而使得信息的广泛传播成为可能。图书报刊等纸质传播媒介克服了时间与空间对文化产品生产与提供的限制,加快了文化产品传播的速度,极大地提高了文化产品的生产效率。但是由于只有掌握文字才能参与到这种媒介的传播之中,大部分劳动者则由于识读的障碍而被排除到传播领域之外。与口语媒介时期相比,书面和印刷媒介时期文化产品的生产与提供范围虽然有所扩大,但局限性仍很明显。

电子媒介的诞生是文化的革命和解放,给多数人的文化带来了新天地。以电子媒介为基础的文化既具有口语媒介的直观直觉性质,也能像文字符号一样克服人类直接交流中的时空限制。同时,由于电子媒介使文化重新通过声音和形象得以传播,从而清除了书面印刷媒介的文字符号对大众的限制。因而,从传播方式上看,电子媒介具有普及性、大众性和民主性,能够以大规模的受众为对象。这一特性使得它成为追求临界规模效益的现代文化产业可以利用的最合适的手段。

与以往媒介相比较,广播、电影、电视、电子计算机等电子媒介具有以下特征:可表达性,它能承载思想和感情;记录的长久性,也即对时间的超越;快速性,即对空间的超越;扩散性,可以达到所有阶层的人;可复制性,具有形成巨量符号制作规模的能力,这意味着文化艺术品不再是一次性的存在,而是可批量生产的。[①]

现代电子媒介的这些特性,使它成为现代文化产业的有效载体,尤其是它的"扩散性"的特征,使得文化产品的生产与销售具备了规模化的因素,大批量生产的低成本、低价格的大众文化产品推销给最广大的人群,从而对文化产业的发展产生了革命性的作用。随着电子传播媒介的发展及其在文化领域的推广和应用,文化产品生产的"产业化"[②] 特征越来越明显,文化产业逐渐由国家经济体系的边缘走向了中心。

---

① 陈立旭:"论现代文化产业的兴起",转引自文化研究网。

② 一般认为"以批量生产为特征的社会化大生产"是产业化的主要特征。

因此,非生产劳动与生产劳动的分离,精神劳动与物质劳动的分离,乃至精神劳动的特殊部门——文化产业的形成与发展都深刻地烙上了分工程度提高(生产力上升是其结果,而新兴电子部门的出现本身就是分工的组成部分)的烙印。在这个意义上,我们说文化产业的形成与发展是分工高度发达的结果。

三、文化产业对分工的影响

分工就其内容来说包含着两个方面:其一是劳动本身的划分,即统一的劳动过程分解为不同的部分,这是分工的客体方面;其二是劳动者的划分,即劳动者分解为不同的部分,在一定程度上稳定地固定在不同的劳动活动中,这是分工的主体方面。一切分工都是主体与客体两个方面的统一体。分工所固有的基本特征,即人的社会劳动的固定的专业划分,是通过主体和客体即劳动者的划分与劳动本身的划分这两个方面结合表现出来的。在分工这个统一体中,劳动本身和劳动者划分的状况,二者采取什么方式结合起来,决定着社会分工的性质及其发展水平。具体地分析各种分工形式的主体与客体的状况及其结合方式,是揭示分工形式的特殊本质的基本途径。[①] 因此,分工的深化主要表现为分工主体、客体及其

① 解战原:《当代社会分工论》,中国政法大学出版社 1991 年版,第35—36 页。

结合方式的变化。文化产业的形成与发展对以上三个方面都有显著的影响。

从分工的客体来看,劳动的划分越来越不依赖于外部自然界,也不依赖于劳动活动的客观要素(如劳动资料),而主要是依赖于主体的主观愿望。伴随着文化产业的发展,在文化传播的影响下,人类逐渐进入了一个以关注梦想、历险、精神及情感生活为特征的梦幻社会。在这样的社会里,不仅文化产业自身,而且其他行业也加入了想像、故事和情感等主观因素。丹麦未来学家沃尔夫·伦森就曾断言,在未来25年里,人们从商品中购买的主要是故事、传奇、感情及生活方式。① 而满足人类这些主观愿望的行业都不是客观因素决定的。

从分工的主体来看,伴随着文化产业的发展,劳动者的划分越来越取决于劳动者自身的主观选择。由于文化产业主要进行的是精神劳动,文化产业的发展更多地是建立在知识的基础之上,而知识大都是劳动者后天主动学习的结果,所以文化产业劳动者的划分在很大程度上是劳动者自身选择的结果。更重要的是,在“自动化生产”的背景下,文化产业能够利用“知识的传播”改变劳动者的知识结构与智力水平,从而使得劳动者在物质生产部门也能实现一定程度上的自由的职业选择。

① 在许多发达国家,居民文化消费已占据总消费额的30%以上。

在文化产业的影响下,劳动的划分越来越依赖于主体的主观愿望,而劳动者的划分也越来越是劳动者自身主观选择的结果。其后果是:人对劳动的屈从消失了,人们将主动地依照客观规律去从事改造自然和社会的活动。所以,这种分工是一种崭新的分工模式,它在本质上是一种自觉的分工。由于充分发挥了人的主观能动性,自觉的分工显然对分工的进一步深化具有极大的促进作用。

第五章　分工演化与文化产业：历史角度的考察

从理论上讲，文化产业的兴起与发展是社会分工的产物，是物质产品生产与精神文化产品生产分离的产物，是人们摆脱物质产品的需求之后，精神文化需求的上升带动了社会分工的结果，是市场规模和分工共同作用的产物。那么，这种理论的解读是否与实际的分工演变契合，即是否符合历史呢？本章以欧洲社会分工的发展为主线，从历史发展角度考察文化产业在分工格局演变中发展的轨迹。

第一节　公元1000年之前：自然分工与文化启蒙

公元1000年以前的欧洲是以原始社会和奴隶社会为主的社会阶段。我们从对原始社会的考察开始。

人类原始状态的生存环境非常险恶，而石器以及后来出现的弓箭等工具又非常简陋，这就使得原始人无法独自生存。在生存的压力下，他们必须把个体劳动结合在集体劳动中。不过,当时不同的劳动还没有划分成相对独立的部分,劳动者之间也没有职业划分,每个人既是猎人又是渔夫。因此这个时期劳动形式是典型以没有分工为特征的简单协作。

最早出现在历史上的分工是自然分工。“分工起初只是性方面的分工,后来是由于天赋(例如体力)、需要、偶然性等等而自发地或‘自然地产生的’分工。”[①] 在原始社会里,自然分工包括两种形式:其一是按照性别、年龄等纯生理差别进行的部落内部的分工;其二是按照自然条件以及由此形成的劳动方式等地域差别而进行的部落间分工。自然分工还不是真正意义上的分工,它仅仅为不同性别、不同地区的人们划分出大致的劳动范围,还没有达到劳动本身的分化和独立化,没有形成不同个体的固定职能。即便如此,自然分工所包含的分工因素仍然是原始社会及其向奴隶社会过渡时期提高劳动生产率的强有力手段。

随着生产力的发展,原始社会的地域分工日益走向固定化,在水草丰茂的地区人们开始专门从事畜牧业生产,而在水土肥沃的地区发展了专门的农业生产,这就是人类历史上的第一次社会大分工:农业与畜牧业相分离,以及农业部落与其余野蛮部落相分离。接着,制陶业和

① 《马克思恩格斯全集》第47卷,人民出版社1958年版,第312页。

冶炼业也发展起来并最终成为独立的生产部门,形成专门的手工业生产,这就是人类历史上的第二次社会大分工:农业与手工业分离,专门的工匠阶层形成。在一、二次分工的基础上不可避免地产生了交换,随着交换的扩大,产生出一个专门从事商品交换活动的商人阶层,从而形成社会的第三次大分工:产业与商业相分离。三次社会大分工形成了经济领域的基本分工结构。在此基础上形成了社会的基本分工:生产劳动与非生产劳动相分离。此外,还包括公共职能与生产职能的分离,物质劳动与精神劳动的分离等。

这时,分工已完全超出了自然分工的范围。它不再以自然条件为基础,而是以劳动活动本身的划分为基础,以劳动者的固定划分为特征的社会分工。但是由于在该时期,人们普遍"实行自给经济,消费自己所需的财物,不经过交换过程",相应地,分工是个别的、局部的、偶然的,因而分工对经济增长的作用也是有限的。

盛行于这一时期的庄园经济是公元500年之后欧洲的主要经济模式。庄园经济建立在农业的基础上,绝大多数人只从事土地耕种,一般的手工业品如纺织物都是农户家庭制造的,在这种生产力条件下,人们的产出只能维持自己的生活而很少有交换的需要,参加商品流通的只是一小部分农产品和手工艺品。即使这一小部分的商品交换关系,也由于交通条件的困难而被限制在一个狭小的范围之内——通常在庄园内部实行物物交换。庄园与庄园之间也很少有商业往来,居民所需的一切生活用品都从庄园内部获取。因此无论是从商品的种类来看,还是从商品的数量来看,市场发挥的作用十分有限,自然经济占支配地位。狭小的市场范围限制了分工发生的可能性,在一国内部几乎没有社会生产的固定分工。

封建领主与教会贵族的消费需要,主要也是靠庄园内部的生产所提供,但他们有些奢侈品(如高级的酒类与华贵的衣料及装饰品)非本地所能生产,须靠外来的供应,因而有一定的国际贸易发生。但这些零星的国际贸易往来对各国经济的影响非常微弱,尚不足以形成各国之间的国际分工。

在自然分工及其向社会分工转变的过程中,人们出于生存的压力,对物质财富的追求是其核心任务,精神文化的需求还处于萌芽之中。文化活动主要体现为物质文化活动。虽然在这一时期也存在零星的娱乐活动,如民间大型的祭祀活动、喜庆活动等,尤其是在此期间,氏族头领、封建领主以及教会贵族经常举行各种娱乐活动,但是,这些活动往往是人们内心感情的自觉表露和对不可知世界的神秘向往,而且几乎所有的这类活动都是人们在从事物质生产之余从事的,并没有实现与物质生产的分离。因此,总体而言,这一时期的分工水平决定了此时的文化处于启蒙状态。

第二节　公元1000年—1500年:社会分工与城市文化启蒙

公元1000年到公元1500年是城市经济与地区经济的兴盛时期。无论从逻辑的角度还是从历史的角度,城市经济的产生都先于地区经济的产生。不过由于地区经济的发展通常围绕着某一中心城市进行,地区经济实质上是城市经济的延伸,所以很难将二者割裂看来。出于这个原因,我们对二者不加区别。

11世纪左右,由于三季轮作、铁犁等新技术的采用,土地生产率有了显著提高,庄园生产的农产品逐渐超出了庄园自身的需求。一方面越来越多的农产品被用来进行深加工,如榨油、酿酒等;另一方面,部分居民从原来的农业生产中被释放出来,转而从事专门的手工业生产,如织布、制陶等。手工业与农业进一步分离。

这一分离具有重要意义,它不仅提高了相关产业的劳动生产率,而且促进了城市的兴起。与农民必须依托土地进行生产不同,手工业者的生产过程相对独立,这就使得个人离开庄园独立谋生成为可能。在城市"自由空气"的吸引下,农奴逐渐从封建庄园中游离出来,城市人口不断增加,城市规模不断扩大,城市成为封建庄园之外的另一个生产与生活单位。

当农奴转移到城市之后,从事手工业生产几乎是他们的唯一选择。这种生产方式显然不能直接提供给他全部的生产和生活资料,他必须通过交换获得所需要的产品,这就意味着其生产的直接目的不是消费而是交换。自然经济的生产模式逐渐为商品经济所替代。随着直接为交换而产生的劳动产品日益增加,以经营商业为独立职业的商人大量出现。

随着两次社会大分工的进一步发展,商品交换关系进一步发展,市场范围不断扩大,西欧各国分工的深度与广度都显著提高了,主要表现为:(1)欧洲国家内部城乡间分工出现。城市主要生产手工制品,而农村主要生产农产品,二者之间的商品交换,主要是通过小型的地方集市来进行的。通过这些集市,城市将它周围的农村结合在一起,并成为联系的中心。(2)手工业种类增加。德意志的城市初始只有18至20种手工业,巴黎也只有100多种,到14世纪时则增加到几百种。包括面包业、屠宰业、纺织业、皮革业、鞋帽业、木器业、刀剑业、榨油业、酿酒业等等。

不仅如此,两次社会大分工还加强了各国之间的经济联系,使得欧洲各个地区之间的商品交换以及东西方的贸易往来更加频繁,从而促进了国际分工的形成。欧洲各个地区以及各国之间的贸易,主要通过大型的定期集市进行。随着城市经济的不断发展以及城市反对封建主的斗争取得胜利,大规模的定期的贸易集市也进一步兴旺起来,到 12 至 13 世纪大型定期集市已很普遍。其中,最著名的是法国的香槟集市。

随着城市经济和集市贸易的发展,欧洲各个地区之间的商品交换日益频繁,它们与东方国家的贸易也明显扩大,由此形成了更大范围的地区性贸易中心。到 14 世纪,整个欧洲已形成了几个主要的贸易区:(1)地中海贸易区;(2)北海和波罗的海贸易区;(3)汉萨同盟;(4)罗斯贸易区;(5)不列颠贸易区。依托这些贸易区,形成了明显的地区性分工:北欧和中欧是渔业、木材、毛皮、蜂蜜和粮食的主要供应国;而西欧主要生产呢绒、酒类、各种手工制品、锡和铁;东欧则生产亚麻、麻织品、大麻、皮革等。到 1500 年左右,欧洲国家对外贸易的发展已经达到一定的程度,初步形成了一个全欧洲的分工网络。而且由于各个贸易区的商业往来,并不只局限于欧洲的范围之内,而是通过地中海贸易直接或间接地与东方国家联系起来,所以,欧洲的地区性分工事实上已扩展出了欧洲之外。

在公元 1000 年至 1500 年间,手工业和农业的分离、商业的独立两次大的社会分工促进了地区分工。城市的兴起和地区性贸易中心的出现成为这一时期典型的现象。由于与农业的脱离,城市成为手工业和商业的集中地。人们的生活方式与农村也截然不同。随着城市的不断发展,城市形成了区别于农村的,以手工业文化和商业文化为代表的城市文化。同时,随着人口向城市的集中,人口流量的增加使人与人之间的交流越来越广泛。不同类型和思想的人的交流和思想碰撞,推动了新知识的出现和发展。城市文化逐步具有了自身充实发展的能力,并全面启动。

第三节 公元1500年—1820年:工场手工业分工、区域分工与城市文化复兴

该时期的主要分工形式是工场手工业分工。虽然工场手工业还是一种手工业生产,但在生产的过程中实现了内部的劳动分工。在工场手工业中工人各自使用不同的劳动工具,或专门完成一道工序,或从事一个部件的制造。工场手工业分工具有两个特征:(1)根据劳动者的天赋、技艺和经验来划分劳动过程;(2)劳动过程的划分同劳动者的划分直接同一,"每一个工人都是适合于从事一种局部职能,他的劳动变成了终身从事这种局部职能的器官。"[①] 伴随着工场手工业的发展,劳动者的脑力技能与体力机能在直接生产过程中开始发生分离,一种新的分工形式——机能分工也相应产生了。在工场手工业分

① 《马克思恩格斯全集》第23卷,人民出版社1972年版,第576页。

工中,管理劳动的职能与执行劳动的职能已经不再由同一劳动主体完成,而是由不同的主体分别承担。

另外,在欧洲各个国家内部,手工业的规模与种类都有了明显增加。丝织业、钟表业、印刷业等新工业开始在欧洲兴盛,而原有的“老”工业,如纺织业、建筑业、造船业等规模不断扩大,社会分工也借此有所发展。

虽然,在城市与地区经济时期,国际分工有了一定的规模,但就整体来看,当时参加并依赖于经常性国际商品流通的,仅仅是个别的商业城市以及在封建时代中介贸易中成长起来的为数不多的城市共和国,无论是用来交换的商品数量与种类,还是参与交换的国家和地区都极为有限。因此当时的国际分工及贸易仍处于不发达状态,对世界经济的整体影响仍很微弱。大多数学者认为,国际分工的真正形成是从 15 世纪末 16 世纪初的“地理大发现”开始的。

随着新航路和新大陆的相继被发现,国际贸易领域也随之扩大到世界各地。贸易领域的变化导致了所谓的“商业革命”。商业革命最明显的标志是贸易额大幅度增长。[①] 其次为国际流通中商品种类的激增。“在欧洲市场上,出现了许多以前所没有的新商品,如烟草、咖啡、可可

① 英国的对外贸易额在 1700 年合 5900 万美元,到 1789 年则增长到 3.4 亿美元,在不到 100 年的时间里增加了 5 倍到 6 倍。法国的对外贸易额在 1716 年合 4300 万美元,在 1787 年为 2.3 亿美元,在 70 年中增加了 5 倍多。

和茶叶等。以往欧洲人很少食用的大米和蔗糖,输入量大大增加了。来自东方的产品——香料更是大量涌入欧洲国家。"①"欧洲商业上的这些重大变化,表明地理大发现之后世界各地区的经济联系已经大为加强,从而使得由于各国地理、民族传统和国民经济特点而产生的地域分工有了新发展,出现了早期的世界市场。"②

这一时期欧洲内部的分工格局也有了显著变化。与15世纪相比,无论是工业的种类及地理分布都有了明显的改变。以17世纪末为例,法国的丝织品在欧洲占有支配地位,亚麻制品、造纸业、印刷业也有快速发展;荷兰造船业及其分支行业如制帆、木材、小五金等的发展,使这个国家的经济获得繁荣,其陶瓷业、蔗糖业、钻石业等也有较好的国际声誉;毛织业在英国的经济中始终占有重要地位,采矿业、冶金业、金属加工业等的进展也非常迅速;此外,弗兰德尔的挂毯业以及纽伦堡的首饰业、玩具业等仍然保持着相当比重的市场。

亚洲、非洲、拉丁美洲国家成为一些特色产品与热带产品的供应国。一直到17世纪,香料、贵金属以及其他奢侈品在国际贸易中占有最重要的地位。18世纪,随着殖民地的开发和奴隶种植园的建立,热带蔗糖、咖啡、可可、

① 宋则行、樊亢主编:《世界经济史》,经济科学出版社1998年版,第32页。

② 同上。

茶叶等大宗贸易品开始进入欧洲市场,并逐渐取代奢侈品成为国际贸易中的主要产品。其中,蔗糖贸易占各种消费品贸易的首位。非洲的奴隶贸易引人注目。①至此,欧洲国家以工业制品生产为主,亚非拉国家以生产农产品、原料为主的国际分工格局初露端倪。

但是,这一时期的国际分工还不是真正意义上的国际分工。首先,这种国际分工仍然是各国由于地理、民族传统以及国民经济特点的差异而形成的地域分工,相应地,由此产生的贸易也只能停留在"互通有无"的状态;其次,参与国生产和交换的商品对各国的再生产过程并不起决定作用,还未成为各国经济运行的必要条件,各国经济对海外市场的依赖程度也很低;最后,支配国际分工的仍然是商业资本而不是工业资本。因此,这一时期的国际分工只是国际分工的一种原始形式。

手工业分工首次实现了劳动者的脑力技能与体力机能在直接生产过程中的分离,形成了机能分工这种新的分工形式,实现了手工业的专业化。在手工业分工推动下,国际分工初具雏形,国际贸易大大提升。受分工演化的影响,人们自身得到一定程度的解放,出现了基于人自身能力和素质的专门脑力劳动者,知识性、精神性生产在

① 根据1978年联合国教科文组织召开的专家会议提出的报告,在15至19世纪,因大西洋区奴隶贸易而损失的非洲人口达2.1亿。转引自宋则行、樊亢主编:《世界经济史》,经济科学出版社1998年版,第60页。

分工演化中成为某些具有相应技能人的职业,文化的发展开始具备了人力基础和分工基础。同时,由于这个阶段经济发展的中心集中在城市,手工业分工也集中在城市中的手工工场中,所以,文化的发展主要体现在城市。另一方面,从文化的功能来看,这一阶段文化还只是贵族享有的特殊奢侈品,主要服务于贵族的需求。因此,这一时期的文化主要是精英文化和城市文化。

第四节　公元1820年—1870年:机器大工业分工、国际分工与精神需求增长

该时期的标志性事件是肇始于1800年前后的第一次科技革命① 以及机器工厂的形成与发展。机器工厂使劳动的主体由人力转为机器,从而否定了以"人"为中心的旧式分工。机器工厂分工具有这样一些特征:(1)分工的主体是机器而不是劳动者;(2)分工的原则是让劳动者适应生产过程的工艺划分,而不是让生产过程适应劳动者的技艺;(3)分工的各环节之间的关系,起支配作用的不是分离,而是连续性。在机器工厂分工的基础上,机能分工也获得了进一步发展,马克思认为:"生产过程的智力同体力劳动相分离,智力变成资本支配劳动的权力,是在

① 英国学者托因比把1760年作为产业革命的起点,而艾什顿则将起点推迟到1782年,近年来,一些学者主张将起点定在18世纪80年代。

以机器为基础的大工业中完成的。”[①]

随着机器大工业的发展,欧美工业国的社会内部分工也进一步发展起来。社会内部分工发生的首要进展是工业与农业的彻底分离,其次是商业与产业分离的加剧。此外,由于机器的广泛采用,许多专门从事原料、生产资料和消费资料的工业部门开始形成,工业间的分工得到进一步的发展。

机器工厂的出现极大地提高了分工的深度与广度,对此马克思指出:“机器发明之后分工才有了巨大进步,这一点无须再来提醒。例如,织布工人和纺纱工人过去多半是至今我们还可以在落后国家里看到的那些农民。机器的发明完成了工场劳动同农业劳动的分离。从前结合在一个家庭里的织布工人和纺纱工人被机器分开了。”[②]

分工规模的扩大又一次促进了劳动生产率的大幅提高,从而使得主要工业部门的产品产量大幅度增长,[③] 超过了国内市场的容量。同时,随着劳动生产率的提高,工业品的价格也大幅度降低。[④] 这两个因素使得欧美工业

---

① 《马克思恩格斯全集》第23卷,人民出版社1972年版,第464页。

② 《马克思恩格斯选集》第1卷,人民出版社1961年版,第132—133页。

③ 在这个时期,英国的煤增产了1倍,铁增产了3倍,棉布增产了1倍,呢绒增产了3倍。

④ 1786年英国每磅棉纱的价格为38先令,1800年降低为9.5先令,到1830年降为3先令;又如1856年贝色麦炼钢法发明之后,两年中钢的价格下降了一半。

化国家成为世界工业品的主要供应者。机器纺织品特别是棉纺织品迅速超过手工毛纺织品，成为欧洲最重要的大宗出口商品。另外，随着工业革命在其他纺织部门的扩展，英国和欧洲大陆国家的毛、麻、丝的出口也迅速增加，并同棉纺织品一起成为19世纪国际贸易中最主要的工业制成品和日用消费品。机器设备以及金属制品等重工业产品在国际贸易中的地位日趋重要。19世纪中期的机器贸易主要局限于欧洲大陆与美国市场，到五六十年代工业高涨时期，铁轨、机车、蒸汽机等机器设备也开始输往殖民地。

随着机器大工业的发展，欧美工业国不但需要广阔的产品销售市场，更需要海外廉价原料的充足供应。它们通过廉价工业品的大规模输出，在破坏落后国家经济结构的基础上，片面发展农业(或矿产)原料的专业化生产，逐渐把这些国家改造成依赖于国际分工的单一经济，从而扩大了原料的供应。大宗的工业原料日益取代特产品和热带产品成为殖民地最重要的出口产品。19世纪，原料贸易增长最快的是棉花和羊毛，其中美国、印度、埃及、巴西和西印度群岛等国家和地区是棉花的主要出口国。而澳大利亚、阿根廷以及其他海外殖民地是羊毛的主要供应国。印度的黄麻、俄国的大麻和亚麻、中国的生丝、美国的烟草等的出口也有了大幅度的增加，成为19世纪原料贸易的大宗商品。19世纪中期以后，随着美国、加拿大、北非和东印度等地的谷物大量涌入欧洲市场,谷物成为国际贸易中的重要商品之一。

"这一时期的国际贸易,从交易的范围说,它不是少数国家和地区的贸易,而是囊括世界大部分地区的贸易;从交易的时间说,它也不再是偶然的、阶段性的贸易,而是经常的、频繁的往来贸易;从交易的商品种类来说,它也不再限于只供少数人享用的贵重物品,而是供人民生活用的大宗消费品和供生产用的短暂原材料、工具、设备等等;从交易的规模说,也远不是过去的少数国家之间的贸易量所能比拟的。"① 至此,欧美工业国家专业化生产工业制成品,亚非拉国家专业化生产初级产品的垂直性国际分工格局基本形成。后者逐渐变成西方先进国家工业品的销售市场和食品、原料的供应点,它也使亚洲、非洲、拉丁美洲的农业民族从属于西方。这样,"一种和机器生产中心相适应的新的国际分工产生了,它使地球的一部分成为主要从事农业的生产地区,以服务于另一部分主要从事工业的生产地区。"②

机器大工业分工使劳动的主体由人力转为机器,劳

---

① 一般认为出口数量的增长对一国的经济发展更为有利。但如果从分工的角度来看,更重要的是国际贸易总量的增长,因为随着国际贸易总量的增长,一国参与国际分工的程度也会有所提高。1820 年至 1870 年的 50 年间,按当年价格计算的国际贸易额增长了 6.5 倍,实际贸易额增长了 9.2 倍。而 1720 年至 1820 年的 100 年间,国际贸易额仅增长了 1.74 倍。

② 马克思:《资本论》第 1 卷,人民出版社 1975 年版,第 494—495 页。

动者适应生产过程的工艺划分，而不是让生产过程适应劳动者的技艺成为分工的基本原则，从而否定了以“人”为中心的旧式分工。分工的演化大大促进了生产力的发展，1820年至1870年的50年间，世界人均GDP增长率达到了0.53%，[①] 比前一阶段增加了约10倍，人类的物质需求得到了大大满足，精神需求开始兴起，尤其是处于社会顶层的贵族的精神需求开始大大释放。同时，机器化革命使人们的闲暇时间由手工业时期的15%增至23%以上，从而为精神需求的产生提供了时间保障。另一方面，机能分工在机器大工业分工基础上也获得了进一步发展，生产过程的智力同体力劳动相分离，智力变成资本支配劳动的权力，智力劳动成为处于支配性地位的劳动形式。在其吸引下，从事精神文化产品和服务的人们逐步增多，精神文化产品的生产开始具备了产业基础。

第五节 公元1870年—1950年：复制技术与大众文化、商业文化兴起

从19世纪70年代开始，资本主义世界发生了以电的发明和应用为主要标志、以重化工业发展为中心的第二次科技革命。在科技革命的推动下，生产组织发生了显

① 安格斯·麦迪森：《世界经济千年史》，北京大学出版社2003年版，第116页。

著变化:(1)按产品加工工艺组成的流水线生产替代了原来同种机器并列的生产工艺,并以流水线生产为基础,产生了“泰勒制”的生产管理体系,这些新工艺、新体系强化了企业内部工人的分工。“资本主义合理化”① 与“福特制”的推行进一步加强了企业内部工人的专业化程度。(2)生产的集中化程度逐步提高,卡特尔、辛迪加、托拉斯、康采恩及股份公司等多种形式的垄断组织出现。垄断组织内部各企业之间以及各垄断组织之间专业化分工非常明确。(3)技术创新活动开始制度化并从两个方面促进了分工的发展。第一,专门的技术创新活动本身就是分工的组成部分;第二,也是更主要的,技术创新活动是分工发展的国别驱动力。

社会经济结构变化显著:(1)农业的地位下降,工业的地位上升,第三产业均有不同程度的上升。到 20 世纪 50 年代,大多数发达国家农业的份额已低于 10%②,工业的份额则上升到 47%至 60%左右,农业下降的份额与工业上升的份额大致相当。(2)在工业生产中,重工业的发展要快于轻工业,或者说,生产资料工业的生产增长快于消费资料生产的增长,到 19 世纪末 20 世纪初,重工业在

① 所谓资本主义合理化是指利用新的技术成就,更新固定资产设备,改进劳动组织形式和实行新的生产管理办法,在产品标准化和生产自动化的基础上,加强劳动强度,以提高劳动生产率。

② 丹麦、意大利与澳大利亚是其中的例外。

这些国家的工业中已经占据了主导地位。其中，制造业的增长最为迅速，到20世纪50年代，制造业份额的上升至少占工业部门整个上升份额的一半；在制造业中，又以化学及石油产品和金属加工产品这两个分支的增长最为显著，后者的上升实际上支配着整个制造业在总产值中的上升份额。另外如同第一次科技革命一样，新机器、新发明的应用直接导致了新的工业部门的生产，如汽车制造业、钢铁工业、冶炼工业、化学工业。电气化、化学化和汽车运输的广泛采用，使一系列新工业部门(缝纫机、电冰箱、洗衣机、照相机、收音机等新型家用电器，人工合成材料、化肥和化学药品等化学品以及汽车①、拖拉机等交通工具)得到了迅速发展。除法国外，欧洲国家第三产业的变化微乎其微。(3)城市人口比例大大提高②，城市化水平的提高反映了工业及其相关行业不断增长并在空间上相对集中的趋势。上述变化表明，欧美主要资本主义国家已完成了从农业社会向工业社会的转化，成为专门的"工业国"。当时英国的纺织品、煤炭和造船业，德国的机器设备、化工产品、光学玻璃和科学仪器，美国的机器和钢铁制品、法国的化妆品、葡萄酒、时装等分别在国际

---

① 西欧的客车数量从1913年的30万辆增加到1950年的近600万辆，同期美国的客车数量从110万辆增加到4000万辆。

② 20世纪初，主要资本主义国家城市人口比例都达到较高水平：英国为77.0%，德国为56.1%，法国为41.0%，美国也达到了39.7%。

市场上占有重要地位。

随着“老”工业部门的发展与新兴工业部门的产生,欧美工业国家对殖民地、半殖民地的原料等初级产品产生了新的需求,如橡胶、铜、石油、钒土等。为了满足这一需要,欧美等国对世界进行了瓜分,纷纷扩大其殖民地、半殖民地范围,到1913年,这些国家已将世界瓜分完毕。由此同时,资本输出成为这一时期国际经济关系中最重要的经济现象。资本输出,使资本主义国家的生产过程向国际范围扩展,从而实现了世界范围的生产社会化和国际化。伴随着这一过程,一些新殖民地、半殖民地也加入到国际分工体系中来,成为欧美工业国的原料提供者。欧美工业国专业化生产工业制成品,亚非拉国家专业化生产初级产品的垂直性国际分工格局进一步得到强化。

不过,这一阶段的国际分工格局也有了一些具有深远意义的变化。首先,欧美工业国之间的工业制品交易显著上升,欧美工业国作为工业制品进口国的地位加强了。[①] 这表明,随着工业化的发展,欧美工业国内部的分工程度有所提高,“水平型”国际分工格局已有了一定规模。其次,资本输入促进了殖民地国家工商业的发展,加速了这些国家自然经济的解体,分工程度也有所提高,近

① 1876年至1880年间,这些国家合计占世界工业制品进口的比重为39.1%,到1913年这一比重已提高到51.9%。

代民族工业开始在各殖民地、半殖民地兴起，例如到1913年，印度棉纺织业的生产能力已高达662万纱锭。出口产品中的初步加工工业也逐渐发展起来了。

但是，这一发展到20世纪50年代时，由于产业结构由“轻”转“重”，欧美工业国对一系列战略性原料和燃料消费量激增，为满足这一需求，这些国家便加强掠夺殖民地及其附属国，从而使各殖民地和附属国的经济更加依赖于宗主国，其主要产品更加片面化和单一化。在亚洲，马来西亚、印尼、印度和斯里兰卡的橡胶种植扩大；在拉美，智利的铜、委内瑞拉的石油、玻利维亚的锡的专业化程度分别上升到48%、90%、71%；在非洲，扎伊尔铜的产量与出口量也在上升。到1937年，亚非拉和大洋洲在世界初级产品出口额中所占的比重上升为50.4%。垂直型国际分工格局的特征更加显著。

不过，这已是垂直型国际分工格局发展的顶峰，两个因素导致这个趋势发生变化：(1)俄国十月革命的胜利及其后的民族解放运动使得欧美工业国的海外殖民地崩溃或接近崩溃，如1947年英国从印度撤出，1948年从斯里兰卡和缅甸撤出，殖民地的崩溃弱化了欧美国家对国际分工格局的支配权；(2)两次世界大战期间，欧美国家对亚非拉地区的经济控制暂时有所放松，而战争又引起了军用物资需要的扩张和其他物质供应的相应转移，这就使得亚非拉地区的一些国家(印度、埃及、巴西等)的民族工业在这一时期获得了进一步发展的机会。

以电的发明与应用为标志的第二次科技革命大大推动了分工的发展,企业内部的分工发展带来了生产组织的变化,生产组织的变化推动了进一步的分工,并对外扩展推动了国际分工格局的变化。在此过程中,精神文化的发展也借助科技革命取得了突飞猛进的发展。首先,复制技术得以产生,为商业文化的发展提供了技术支持。印刷技术在这一时期借助新的工业动力获得了大力发展,更大批量、更低成本的复制成为可能。同时,第二代复制技术,即以广播、电视、录音、录像为代表的复制技术获得了发展。1876年亚历山大·贝尔通过发明电报并取得专利权而开始垄断性服务,标志着第二代媒介的产生。20世纪20年代,贝尔电话公司开始了无线电广播事业。录音带、录像带等文化产品开始出现。这些复制技术的发展逐步使文化的大范围传播成为可能,使文化发展获得了直接的技术支持。其次,电的发明和采用延长了人们的休闲时间,为文化发展提供了时间基础。据统计,电力机械使闲暇时间由机器大工业时期的23%增至41%。再次,电力技术推动下的工业化进程带来了城市化的快速发展,城市规模和功能得到逐步扩张和完善,与闲暇时间的增加结合起来,越来越多的人们产生了享受文化的要求,要求文化走出精英文化面向大众。

第六节　公元1950年—1980年：由商业文化到文化产业

20世纪40年代末50年代初，开始了以原子能、电子计算机、空间技术的发展为主要标志的第三次科技革命。与前两次科技革命相比，“这次科技革命不是在个别学科领域和个别生产领域获得突破性的成果，而是几乎在各个自然科学领域里和各个生产领域都发生了深刻的变化；它不仅使生产工具发生了革命性的变革，从机械化进入了自动化，而且使劳动对象发生了革命性的变革，从依靠大自然的恩赐走向人工合成材料的开发。”① 以电子计算机为核心的自动控制机的出现革新了机器体系和劳动方式，使得分工完全摆脱了对体力等自然条件的依赖，得以建立在智力和知识的基础之上，从而促进了分工的极大发展。

欧美工业国产业结构的变化较为完整地体现了第三次科技革命对分工的巨大影响。这一时期，工业和农业在国民收入中的比例从50年代初的55%左右下降到80年代初的43%左右；相应地第三产业在国民收入中的比例从50年代初的45%左右上升到80年代初的57%左

① 宋则行、樊亢主编：《世界经济史》（下），经济科学出版社1998年版，第15页。

右。工业的内部结构也发生了许多深刻的变化:(1)在制造业中出现了重工业、化学工业比重上升,轻纺工业比重下降的趋势,即出现了“重化工业化”;(2)工业发展的重心由原材料工业转为加工组装工业,即在工业结构上出现了“高度加工化”;(3)工业结构中心从劳动密集型产业转向资本和技术密集型产业,即出现“高技术化”或“产业结构软化”;(4)能源工业中的一次能源由以煤炭为主转为以石油、天然气为主;(5)出现了一些新兴工业部门,如原子能工业、半导体工业、高分子合成工业、宇航工业以及激光工业、海洋工业、生物化学工业等。

该时期国际分工日益深化,并表现出不同以往的许多新特点:

1. 欧美工业国之间的工业分工得到迅猛发展,产业结构之间的差异性与互补性愈发明显。70 年代,美国在飞机、电子元件、动力机械、科学控制仪器等方面占有较大优势。日本在电子工业、船舶、化学工业、汽车工业方面占有优势。西德在金属加工机械、纺织机械、汽车出口方面领先。西德、法国的光学仪器占出口的 50% 至 60%。此外,瑞典的轴承业、电气工程业,荷兰的柴油机、机床业等在世界市场上也很有竞争力。这种差异性与互补性导致了发达国家相互间贸易的增长,从 1959 年到 1980 年,欧洲共同体成员国之间的贸易增加了 11 倍多。

2. 亚非拉地区之间的国际分工也有所提高。由于殖民体系的瓦解，一些发展中国家和地区的迅速工业化和地区性经济组织的建立，发展中国家相互间的贸易也得到较大发展。在1965年至1980年的期间内，发展中国家的相互贸易额增加了18倍。

3. 欧美工业国与亚非拉地区之间传统的“垂直型”分工格局（欧美工业国进口原材料，出口工业制品；亚非拉地区进口工业制品，出口原材料）也有一些变化，出现了简单加工工业与复杂加工工业的分工，劳动密集型工业与资本、技术密集型工业的分工。受此影响，1950年至1980年间，世界制成品贸易值增长了50.14倍，而初级产品贸易只增长了22.68倍。总的来看，19世纪所形成的“垂直型”国际分工格局虽依然存在，但其主导地位已逐步被“水平型”国际分工所替代。

以电子计算机为核心的第三次科技革命使人类彻底摆脱了体力等自然条件的束缚，开始真正进入到智力和知识阶段，知识逐步成为社会的主宰。分工的演化直接带动了商业文化向文化产业的转变。首先，传媒技术的发展为商业文化向文化产业的转变提供了技术支持。这一时期，计算机技术的发展使传媒技术获得了大力发展，以广播、电视为代表的第三代媒介开始出现，并开始为社会提供服务，从而大大拓展了各类文化创作和保存的可能性与空间，使商业文化拓展为文化产业具备了技术上的可能。其次，工业化的深度发展和工业体系的建立为商业文化向文化产业的转变提供了产业体系支撑。第三次科技革命直接推动了产业内部的分工,从而使工业化体系逐步走向完善。这一套相对成熟的工业体系和工业管理技术可以直接为文化产业服务,直接纳入到文化的商业化和产业化经营过程中。文化创意和项目可以借助工业化体系快速转变为文化产品。最后,精神文化消费的提高为文化产业发展提供了市场支持。这一时期是发达国家工业化走向结束的时期,工业化的发展促进了经济发展和人们收入水平的提高,人们的精神文化需求快速增长,催生出一个全新的文化市场。这一市场规模的膨胀使得商业文化已经难以满足市场需求,迫切需要产业化,转变为文化产业。但是,由于这一时期整个社会的分工水平还处于与工业化相适应的层次,由商业文化向文化产业的转变还处于量变过程中,文化产业还没有登上历史舞台。

第七节　公元1980年至今:文化产业的诞生及发展

20世纪70年代以来,世界科技发展进入了高科技时代,以电子信息技术、新材料、生物工程为主要内容的高技术工业部门开始在欧美等发达国家建立。这一时期社会产业结构变化的最大特点是第三产业的发展。工业和农业在国民收入中的比例从 80 年代初的 43%左右下降到90 年代末的 32%左右;相应地第三产业在国民收入中的比例从 80 年代初的 57%左右上升到 90 年代末的 68%左右。同时,第三产业的内部结构,随着分工的发展,也在发生着巨大变化。首先,计算机产业尤其是信息技术的发展改变了传统的第三产业,扩大了第三产业的范围,信息咨询业及科学研究、教育、文化、广播电视业等部门发展迅速。其次,商业、交通运输业、邮电通信业等传统服务业的比重逐步下降,而金融保险业、房地产业、公用事业、居民服务业、旅游业等的比重逐步上升。

与欧美各国内部的分工发展相比,这一时期国际分工格局的变化更为迅猛。20 世纪 80 年代以来,随着跨国公司的发展①,跨国公司在国际分工中的地位上升。它们利用和重组世界各地的自然资源、资金、技术、人才、劳动力等生产要素,组织全球性的生产和销售,从而把世界各国的经济直接联系起来,把各国之间的分工变成其公司的内部分工。跨国公司逐渐成为国际分工的主宰。当代的国际分工主要是跨国公司经营的企业内国际分工、跨

① 1980 年全世界有跨国公司 1.5 万家,其海外子公司大约有 3.5 万家,而到 2000 年全球的跨国公司已增加至 6.3 万家,其海外子公司达 80 万家。就其实力而言,其产值占世界总产值的 40%,其贸易占世界贸易的 50%。1997 年,跨国公司在海外的销售额就高达 9.5 万亿美元,比同期世界贸易总额还要多 2.8 万亿美元。

国公司之间的国际分工。

在跨国公司的主导下,产业部门之间的国际分工迅速向产业内部的国际分工过渡。所谓产业内部的国际分工主要表现在以下四个方面:(1)不同型号规格的产品专业化;(2)零件和部件生产的专业化,以美国的波音747为例,虽然发动机和一些仪表是由波音公司制造的,但其他的零部件则在世界其他国家生产,八个国家的1600个大型企业,1.5万个中小型企业参与了波音747的协作生产;(3)工艺过程的专业化;(4)辅助生产的专业化。因此从工业角度来看,国际分工的"水平型"特征进一步加强。

不过,这一趋势并不适用于第三产业。发展中国家服务贸易主要是靠旅游、运输等传统服务业。尽管包括金融服务、通讯服务、知识产权交易等新型服务业所占比重有所上升,但进入20世纪90年代以来,这些项目在发展中国家进口中的比重增长快于在服务出口中比重的增长,这说明发展中国家对该类服务的依赖程度在增加。可以说该领域是发展中国家与发达国家在服务贸易中差距最大的领域。而这一领域包括了银行、保险、通讯、数据处理、技术服务、咨询、广告等服务中与先进技术结合最密切的部分,是国际服务市场中有广阔发展前景的行业。从这个意义上讲,在第三产业中,"垂直型"的分工格局不仅存在而且有加强的趋势。在国际分工发展的重点由工业转向服务业的条件下[①],这个趋势可能是更有意义的。

这一时期的分工将人类社会带入到了“后工业化”时代,工业化在多数发达国家已经完成,第三产业成为各国的支柱产业,人们的物质需求得到满足,精神需求成为首要需求,消费出现“脱物化”倾向。而且,随着知识在全社会的主导性地位的确立,人们对知识及其文化的诉求占据主导地位。与之对应,人们的文化投资和消费成为主要的方向。一个巨大的文化市场迅猛崛起。与市场的崛起对应,在技术方面也获得了快速发展。数字信息技术、微电子技术取得了前所未有的发展,不仅改造了传统的传媒技术,使第二、三代媒介获得了新的活力,更加接近消费者,而且直接催生了第四代媒介——网络。在技术和市场的支持下,文化产业正式登上历史舞台,并成为世界各国重点发展的产业。这可以从美国、法国、日本和韩国的文化产业发展中体现出来。

美国是世界上文化产业最为发达的国家。美国消费者用于娱乐业中的电影、家庭电视、录制音乐等国内市场总开支,在1997年达350亿美元(现价),2000年约为410亿美元,预测2004年将达490亿美元。1998年至2000年

① 1979年世界服务贸易的增长速度(24%)首次超过了世界货物贸易的增长速度(21.7%),之后世界服务贸易的增长速度都要高于世界货物贸易的增长速度。

及2000年至2004年年均增长率分别约为8.2%与4.6%。它们是美国产业中增长较快的部门。美国印刷与出版业中的报纸、杂志、书籍与贸易宣传材料等销售额在1999年达到了1840亿美元(1992年美元价)。印刷出版业的就业人数在1999年超过了150万人。旅行与旅游业方面,美国统计中把旅行与旅游业统计在一起,并对该产业定义为:"旅游业是指人们为休闲,从事商业活动或其他目的旅行外出而滞留在其正常生活以外的地点不超过一个连续年份的活动。"它包括了许多产业,是美国第二大出口服务业,拥有最高的就业人数,也是美国零售业中第三大零售产业。1998年美国国内旅游与国际旅客的支出总数达5150亿美元,由旅游产业所直接支持的就业人数达到700万人。

法国是欧洲国家中文化产业发展的代表。电影观众近两年保持在1.85亿人次左右;2002年拍摄200部影片,投资总额8.6亿欧元,其中自1997年每年都有25部以上单部影片的投资额超过700万欧元,2000年达到了39部之多;2002年法国共有133家电影制片公司。全国有136种法文日报,全年发行总量90亿份。法国每年举办的各种艺术节、临时性的展览活动众多,文化部2003年活动统计数据库录有650个艺术节和800个博物馆组织的1600个展览。此外,英国文化产业的年产值将近600亿英镑,从业人员约占全国总就业人数的5%。

电影、电视、音乐、游戏、报纸、出版等信息内容作为商品出售的产业，在日本被称为“内容产业”。依据《日本经济新闻》的报道，日本“内容产业”的生产总值为每年11万亿日元，是日本汽车业的一半，是钢铁业的两倍多。其中，游戏软件（2000年生产总值为4131亿日元）、出版业（2000年生产总值超过了10000亿日元）、动漫业（动画片的票房收入占日本电影业票房收入的1/3，漫画的销售额就占了日本所有书籍和杂志销售额的22.0%，其销售数量占38.5%）是“内容产业”中的主要部分。“教育娱乐产业”也发展迅速，仅IT教育的产值就在2000年超过了1402亿日元，到2004年将达到1929亿日元，年增长率高达7.6%。另外，传统的娱乐观光业也保持着强劲的实力，2000年其市场规模仍高达850570亿日元，约占日本国内生产总值的17%。

韩国是新兴工业国家中文化产业最为发达的国家。文化产业在韩国被称为文化内容产业，“是作为与文化产品的开发、制作、生产、销售、消费等有关的服务产业，是与音乐、动画、游戏、电影、卡通、漫画、广播有关的产业。”依据这个定义，韩国的文化产业规模在1999年为171亿美元，而到2003年已高达310亿美元，平均增长率达23.8%。

分工的演变不仅直接带来了文化产业的兴起，而且进一步促进了其内部的分工，并进而将文化产业纳入到整个国际分工格局中,形成了文化产业领域的国际分工格局。从当前的国际分工格局看,文化领域的国际分工主要体现为垂直型国际分工格局。

(1)从地理分布来看,文化领域的国际分工具有明显的不均衡趋势。发达国家与新兴工业化国家是该领域国际分工的主要参与者,而发展中国家的参与程度较低。这种不平衡显然与各国国内的分工程度有关。国内分工是国际分工的基础。一般而言,发达国家国内分工程度通常较高,从而文化产业的发展条件(经济水平与技术水平)较好,因此发达国家在发展文化产业方面更具优势。如2000年,全球十大服务贸易出口国和地区依次是:美国、英国、法国、德国、意大利、日本、西班牙、荷兰、比利时和中国香港;十大服务贸易进口国依次是:美国、德国、日本、意大利、法国、荷兰、加拿大、比利时、卢森堡和中国。以上国家和地区只有中国属于发展中国家。①

(2)从商品结构来看,发达国家与发展中国家在文化领域的国际分工中的产业结构有着明显差异。在文化领域的国际分工中,发展中国家主要提供的产品局限于传统的旅游业,而发达国家的文化产品结构趋向于增加值较高的其他产业。

---

① 卢进勇等主编:《国际服务贸易与跨国公司》,对外经济贸易大学出版社2002年版,第10页。

以电影业为例，从1990年以来的十年间，美国电影的年平均总投入为35亿至40亿美元，十年中，美国电影在全球发行销售中的年收入为160亿至170亿美元。由此，我们可以推算出美国电影业中的投入产出比大致在1:4.10和1:4.25之间。这样的投入产出之比，是目前世界上除军火工业、博彩业和性服务业之外投入产出比最高的产业。而美国、日本、法国是三大电影生产国。其中，仅美国视听文化产品(包括电影、电视节目、音乐、书籍和电脑软件等)的出口额就在国际上占据了40%以上的市场份额。根据美国商业部经济分析局的分析资料，在国际市场上，1997年外国购买美国影片娱乐产品达170亿美元。美国电影公司海外子公司在销售美国电影时发挥着重要作用。1996年销售额达96亿美元，2000年约为136亿美元，预计2003年将达175亿美元左右。

在出版业，2000年全球图书出版销售总额为800亿美元，美国以261.27亿美元名列第一；德国以93.37亿美元名列第二；日本以91.26亿美元名列第三。在动漫业，日本、美国、法国并列为世界动漫画片的三大生产国。在电子游戏业，全球电子游戏市场硬件90%以上、软件50%以上均控制在日本厂商手里。这些产业都是高附加值产品。

在这种垂直型的国际分工格局中，发达国家与新兴工业化国家获得了文化领域分工的绝大部分利益，大多数的发展中国家基本上没有分享到什么利益。但也不尽如此,一些发展中国家在文化产业某些领域的发展引人注目,如印度与伊朗的电影业、中国的旅游业[①] 等等。毫无疑问,这些产业的发展对相关国家的经济增长起到了巨大的促进作用。这些特例的存在表明,对于广大的发展中国家而言,发展文化产业、积极参与文化产业的国际分工,从而促进一国的经济增长是完全可能的。

① 近 20 年来,中国的国际旅游业取得了长足的发展。1980 年,入境旅游者人数为 5702536,旅游外汇收入 6.17 亿美元,世界排名 34 位;到 1999 年,入境旅游者人数上升至 72795594,旅游外汇收入上升至 140.99 亿美元,世界也大幅提升到第 7 位。

第三篇　比较优势与文化产业发展模式

分工固然是经济增长的源泉，但分工对个体利益的影响却是非均衡的，各参与主体在分工中所处位置的不同决定了分工利益在个体间的分配，在一定的条件下，分工有可能损害个体的利益。一国(地区)在分工中的位置决定了分工利益的分配。比较优势是决定一国(地区)在分工中位置的主要因素。正是本着这样的理念，本篇以比较优势理论与分工理论为指导，考察比较优势与国际文化产业发展模式的关系。

第六章　国际分工与比较优势

长期以来，比较优势理论一直是指导国际分工的主流理论，但是，国际分工的现实状况使得这一理论受到了质疑和挑战，因此需要对指导国际分工发展的理论进行重新探讨。本章首先界定了国际分工的一般性原则——比较优势的内涵，并对形成比较优势的因素作了一般性的分析，然后在此基础上引入了扩大的比较优势概念——竞争优势。

第一节　国际分工的基础：比较优势

在《国富论》(1776年)中，斯密从其分工理论出发，探讨了国际分工的形成条件，他认为国与国之间进行分工的依据是各国在产品劳动生产率上的绝对差异。他论述道："每一个精明的家长都会遵循以下准则：从不在家里生产那些比购买的还贵的产品。裁缝不会试图自己做鞋，而尽从鞋匠那里买鞋。""在每一个私人家庭的行为中是精明的事情，在一个大国的行为中不大会是荒唐的。如果外国能以比我们自己制造还便宜的商品供应我们，那么，我们最好就用我们具有某些优势的行业中生产出来的部分产品来向他们购买。”① 如果在某一种产品上，一国在劳动生产率上占有绝对优势，或其生产所耗费的劳动成本绝对低于另一国，若两国都从事自己占有绝对优势商品的生产，继而进行交换，那么双方都可以通过交换获得绝对利益，从而整个世界也可以得到分工的好处。

李嘉图(1817)继承了斯密对分工的认识，但是他认为国与国之间进行分工的依据是各国在产品劳动生产率上的相对差异，而不是绝对差异。即使一个国家在每种商品的生产上都具有最高生产率，而另一个国家生产每种商品都有最低生产率，只要它们的相对优势有所差异，它们就能从国际分工中获得利益。

我们以下用模型来说明。为简单起见，我们首先对现实世界进行一些简化：

(1)这是一个单一要素的经济社会。在该社会，劳动是唯一的生产性资源，所有商品的“价值”都取决于生产该商品所需要耗费的劳动时间。

(2)这个社会包含两个国家 A 国与 B 国，并且每个国家只生产两种产品——葡萄酒和布匹。

(3)两个国家的主要差异在于其劳动生产率(生产 1

① 斯密：《国民财富的性质和原因的研究》，商务印书馆 1972 年版，第 40 页。

单位某种商品所花费的劳动即生产该商品的劳动生产率)。其中A国在葡萄酒与布匹的生产上都具有绝对优势,这意味着他们能用绝对较低的劳动成本来生产葡萄酒与布匹。特别地,假定A国生产1单位葡萄酒需要1单位劳动,生产1单位布匹需要2单位劳动;而B国生产1单位葡萄酒需要2单位劳动,生产1单位布匹需要3单位劳动。

(4)两国劳动总量均为3000单位。

(5)两国之间不存在资本流动。

按照斯密的“绝对优势”理论,B国将不可能从分工中获利,所以两国之间将不可能实现分工。但是李嘉图认为,即使在这种情况下,国际分工也能够形成。依假定(3),A国、B国生产布匹的机会成本分别为2、1.5单位的葡萄酒。国别间布匹机会成本的差异再一次导致了国别间布匹相对价格的差异,而后者必然导致套利行为的再一次发生。[①] 同样的故事再一次发生了,A国逐渐成为葡萄酒的专业生产国,而B国成为布匹的专业生产国。

在进行专业化分工之前,A国的生产总量介于(3000单位葡萄酒,0单位布匹)与(0单位葡萄酒,1500单位布匹)之间,B国的生产总量介于(1500单位葡萄酒,0单位

① 在A国,用0.5单位的布匹即可换得1单位的葡萄酒。而这同样的1单位的葡萄酒在B国可以换得2/3单位的布匹。因此这个商人实际上是用0.5单位的布匹换到了更多的同类商品——2/3单位的布匹。

布匹)与(0单位葡萄酒,1000单位布匹)之间,世界可能的产量总量介于(4500单位葡萄酒,0单位布匹)与(0单位葡萄酒,2500单位布匹)之间。当两国都按照专业化的原则组织生产,即A国专门生产葡萄酒而B国专门生产布匹时,分别可以生产3000单位的葡萄酒与1000单位的布匹,世界可能消费的产品数量为(3000单位葡萄酒,1000单位布匹)。这一数量显然高于各国孤立生产时的世界可能产量之和:

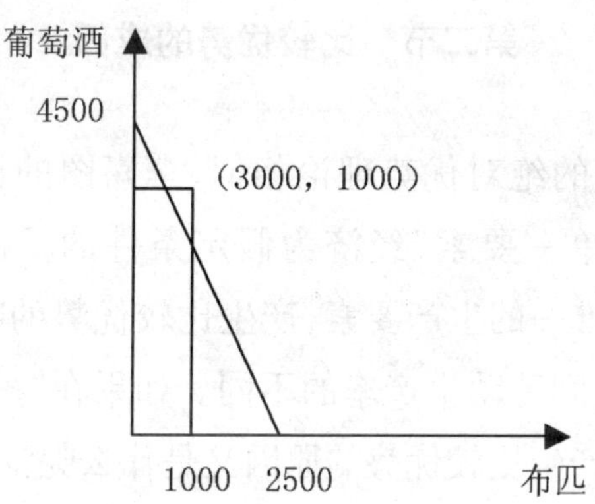

图6—1　专业化生产前后的世界经济

(劳动生产率不变)

分工对各国利益的影响也基本可以做类似的分析。因此,与在绝对优势假定下一样,在比较优势假定下,分工至少可以保证各参与国不会从国际分工中受害。即,一个国家通过在生产率方面具有最大比较利益的商品或服务的出口,以及进口其比较利益最小的商品而从贸易中获得利益。这就意味着,国际分工的基础不在于劳动生产率的绝对差异(如斯密所强调的),只要各国之间存在着劳动生产率的相对差异,国别间专业化分工就可能发生,并且国际分工的格局是:各国分工分别生产各自具有相对优势的产品,即劳动生产率相对较高的产品。比较优势理论反映了决定国际分工格局的一般原则和规律,从而成为国际分工与贸易理论的基础性学说。①

第二节　比较优势的成因

与斯密的绝对优势理论相似,李嘉图的比较优势理论也是以"单一要素"经济为假定条件的。在这种经济中,劳动是唯一的生产要素,产生比较优势的唯一原因只能是各国之间劳动生产率的不同。如果在"多要素"的经济条件下,产生比较优势的原因又是什么呢?

一、要素禀赋:传统比较优势的成因

郝克歇尔—俄林模型对比较优势的成因进行了探讨。该模型假定各国的生产函数相同(即劳动生产率相同)。在这种情况下,可能导致国别间生产成本差异(从而商品的价格差异)的因素有两个:一个是各国生产要素禀赋丰裕程度的差异,由于生产要素不能自由流动,所以

① 美国著名经济学家萨缪尔森称它为"国际贸易不可动摇的基础"。

要素禀赋丰裕程度的差异导致了要素价格的差异;另一个是生产各种商品所使用的各种生产要素的组合不同,亦即使用的生产要素比例不同。而我们知道,在同一个生产函数中,使用要素的比例取决于要素的价格比。因此商品生产成本的国别间差别在本质上来源于要素丰裕程度的差异。相应地,一国比较优势的形成基础是其要素禀赋。按照李嘉图比较优势理论的指向,这意味着各国应分工生产密集使用本国相对丰裕要素的商品。郝克歇尔—俄林模型的结论是:要素禀赋差异是国际分工的依据。

现代国际分工格局基本上符合郝克歇尔—俄林模型的判断。利默进行的一项系统的研究发现,郝克歇尔—俄林模型正确预言了各国间通过贸易进行的净要素流动量与它们的相对要素禀赋之间的相互联系。鲍恩、利默等人所做的一项严格检验,测量了要素禀赋能力和美国的投入—产出格局以检验对1967年通过贸易进行的净要素流动所做的预测。324个例子涉及12种要素和27个国家。郝克歇尔—俄林模型正确预测了这些例子61%的净出口情况。①

但是,郝克歇尔—俄林模型只是一个静态的分析,它并没有考虑到分工之后的各国经济的变化。那么,从动

① 林德特:《国际经济学》,经济科学出版社1992年版,第48页。

态角度来看,各国的分工又会有什么变化呢?

斯托尔伯与萨缪尔森发现,如果各国都以自己的生产要素禀赋比率为基础进行国际分工,那么随着国际分工的发生,各国都逐渐成为密集使用本国相对丰裕要素商品的专业生产国。随着对丰裕要素需求的相对上升,分工前相对丰裕的生产要素价格上升,而分工前相对稀缺的生产要素价格下降。这样发展的过程,将会逐渐达到要素价格比率的国际均等化。在此认识的基础上,他们提出了所谓的“要素价格均等化定理”:假设没有要素密集度逆转(即本国相对劳动密集度高的商品在其他国家也不可能用资本密集型技术生产),各国都从事不完全的专业化生产,自由贸易不仅使商品价格均等化,而且使要素价格均等化,无论各国的要素供给和需求格局如何。要素价格均等化定理反映了一个基本的事实:即国际分工事实上能够使得各种要素向着发生贸易之前缺乏它们的国家流动,从而改变原有的要素禀赋差异。

回到郝克歇尔—俄林模型中。随着要素禀赋的变化,原有的由要素禀赋决定的比较优势也随之发生变化,相应地,原有的国际分工格局也逐渐会发生变化。也就是说,从长期看来,一国可能成为密集使用本国相对稀缺要素的商品的专业化生产国。在这个意义上,由要素禀赋差异决定的比较优势并不是一成不变的,它随着国际分工的发展而发展。对此,著名的发展经济学家托达罗曾指出:"相对的要素禀赋和比较成本并非既定,而是处于永恒的变化状态之中。而且,它们通常为国际分工的性质和特点来决定,而不是由它们来决定国际分工的性质和特点。"①

二、影响比较优势的其他原因

从亚当·斯密的绝对优势论到李嘉图的比较优势论,再到郝克歇尔—俄林的要素禀赋论,比较优势理论形成了完整的体系。比较优势理论的基本思想在于不同国家生产不同产品时存在生产成本的差异,各国分工生产各自具有相对优势的产品,即成本相对较低的产品,即可通过国际贸易增进各国的福利。也就是说,生产成本的差异直接决定了国际分工格局的形成。要素禀赋无疑是决定生产成本的重要变量,但是,要素禀赋无疑不是决定生产成本的唯一变量。也正因为这个原因,要素禀赋理论只能解释部分的国际分工格局。

在鲍恩、利默等人的检验中,仍有39%的净出口情况是郝克歇尔—俄林模型没有预测到的。林德特对这一结果的评价是"这个份额好于听天由命无力预测的情况,但预测准确率只是一般"②。另外,发达国家与发展中国家的要素禀赋差异显然要大于发达国家之间的差异,但是

---

① 迈克尔·托达罗:《经济发展》,中国经济出版社1999年版,第431页。
② 林德特:《国际经济学》,经济科学出版社1992年版,第48页。

近年来的资料表明,发达国家间的产业内贸易,而不是发展中国家与发达国家之间的产业间贸易构成国际贸易的主体。1990年,美国、日本、德国、意大利、英国、加拿大、比利时、卢森堡、法国、荷兰和澳大利亚这十一个发达国家,若用181组商品(3位数国际贸易标准分类)的产业内贸易强度进行调查,其平均产业内贸易比例接近60%。再如,从1980年到1994年欧洲全部双边贸易中产业间贸易的份额大约由45%下降到38%,这主要是产业内贸易的增长造成的(胡又欣,2001)。这就表明,除了要素禀赋之外,还存在其他产生比较优势的原因。

一般的经济学常识告诉我们:商品的生产成本由所使用的生产要素价格及其数量共同决定。其中所使用的生产要素数量主要取决于生产技术条件;而生产要素价格则取决于要素的需求与供给。要素的供给由要素禀赋决定,要素的需求则派生于对最终产品的需求,而对最终产品的需求则由消费者的需求偏好和支付能力决定。因此除了要素禀赋之外,可能导致比较优势的因素至少还应包括生产技术条件、消费者需求偏好和支付能力。

1.需求角度:偏好与支付能力的影响

忽视需求因素对比较优势的影响,是传统比较优势理论的一个共同特征。他们之所以能够忽视需求影响,是建立在一个非常强的假定的基础之上。在斯密、李嘉图那里,劳动是唯一的生产要素,其流动性自然不言而喻；在郝克歇尔—俄林模型中，两种要素在两种产品之间也可以自由流动。在这种假定之下，来自于需求的变动都将被要素的流动所抵消。

以李嘉图模型为例。假定在某一时刻，市场需求发生了变化，B国对布匹的需求上升，在短期内B国的布匹价格上升。但是，在自由流动的假定下，B国的劳动力必然转移到布匹生产上来，布匹的供给也随之增加，结果布匹的价格仍然等于1.5单位葡萄酒。相对于A国，B国仍然在生产布匹方面具有比较优势，原有国际分工格局也不会发生变化。

但是，如果生产葡萄酒与布匹的劳动力都是专用性①的人力资本，那么，这种转移就不会发生，在这种情况下，布匹的价格持续高于原来的1.5单位。在极端的情况下，如果布匹的需求持续上升，超过了2单位的葡萄酒，那么，B国就变成了布匹的进口国而不是出口国。国际分工的格局出现了逆转。

在国际贸易模型中，具有上述含义的近似模型被称

---

① 由阿尔钦和德姆塞茨提出并被威廉姆森、哈特等强调和发展的"资产专用性"理论被认为是新制度经济学中的一项重大贡献。在威廉姆森(Williamson, 1975)的资产专用性理论中，明确提出了人力资本专用性的问题。一般说来，人力资本的专用性至少以四种方式出现：(1)由非完全标准化的设备引起的设备专用性；(2)过程专用性，它由工人在具体的操作过程中形成；(3)非正式的团队适应性——由各方在不断接触的适应过程所导致；(4)信息沟通的专用性，即只在企业内才有价值的信息渠道或信息符号。

为"特定要素模型"。特定要素模型是由萨缪尔森与琼斯创建发展的。该模型的逻辑显示,由于两个原因,使得贸易对收入分配具有巨大的影响。"其一,资源不可能马上也不可能无成本地从一个部门转移到另一个部门;其二,各部门对生产要素的需求也有所不同——提高某一种产品的产量一般会减少某些生产要素的需求,同时会提高对另一些生产要素的需求。"①

这两个原因同样适用于需求对比较优势的影响。如果需求发生了不均衡的变化,对一些产品的需求相对上升而对另一些产品的需求相对下降,那么(在资源不能自由流动的条件下)这显然会减少某些生产要素的需求,同时会提高对另一些生产要素的需求,而对生产要素需求的变化又必然反映在其价格上。这样,在要素禀赋没有变化的条件下,要素的相对价格发生了变化,相应地,由国别间要素价格差异决定的比较优势也发生了变化。因此,如果要素不能在产业之间流动,需求差异就是影响比较优势的主要因素之一。需求差异主要由支付能力和偏好的影响形成。

新李嘉图主义理论主要强调了支付能力的影响。新李嘉图主义的代表斯蒂德曼认为,生产资料投入系数、劳

---

① 克鲁格曼、奥伯斯法尔德:《国际经济学》中国人民大学出版社 1998 年版,第 36 页。

动投入系数与分配率一起决定了商品的生产成本。其中前两者由生产技术等决定，而分配率则取决于生产要素所有权的分配。因此不同国家生产某种产品的比较优势的差异不仅表现在生产技术（条件）的差异上，而且表现在分配关系的不同上。并且，由于生产技术与分配关系都是一定经济增长、经济发展阶段的产物，所以处于不同经济增长阶段、处于不同经济发展程度的国家生产某种产品的比较优势就自然不同。斯蒂德曼的分析表明，只要通过宏观调控影响分配关系，就能影响人们对某些产品的需求，最终改变相关要素的价格，从而改变原有的比较优势格局。

瑞典经济学家林德尔则强调了需求偏好的影响。他认为，即使不同地域之间要素禀赋条件及生产函数并无不同，但由于需求偏好的区际差异也可引致互利的贸易。他指出，许多国家相互出口的往往是种类相同但品牌不同的产品，它们从国际贸易中获得的利益在多数情况下表现为消费者由于买到了所希望的特定品牌的工业品而获得了效用。在这类贸易中，满足不同消费者偏好而形成的产品差异化[①] 具有重要作用。林德尔的分析表明，通过差异化经营确立“无形资产”在产品成本中的主体地

① 所谓产品差异化是指在同类商品或服务中，厂商通过质量、功能、款式、品牌、广告、售后服务等环节上的努力使自己经营的产品具有某种特色。

位,以减少对“有形要素”的依赖,也是改变比较优势格局的有效途径。

2.供给角度:生产技术与生产方式的影响

传统的比较优势理论的另一个特征是忽视了生产技术的影响。斯密、李嘉图虽然强调了劳动生产率的影响,但是它们忽视了劳动生产率的动态变化;而赫克歇尔—俄林模型则直接假定两国的生产函数相同。事实上,生产技术差异对比较优势的影响是显著的。

仍以李嘉图模型为例。假定B国的生产技术发生了突飞猛进的变化,与A国的生产技术相同,那么两国之间就没有比较优势可言,相应地,其分工就是随机的;如果B国生产1单位葡萄酒需要1单位劳动,生产布匹仍需要3单位劳动,那么B国的比较优势就由生产布匹转移到葡萄酒的生产上来,原有的国际分工格局逆转。

即使在生产函数相同(如赫俄假定)的条件下,生产方式的不同也可能使得“实际利用的生产技术”出现差异。在李嘉图模型中,假定原有的生产方式是简单的手工业生产,在这种生产方式中,如前所述,A国生产1单位葡萄酒需要1单位劳动,生产1单位布匹需要2单位劳动。现在由于某种原因,A国率先在布匹生产中实现了工场手工业的生产方式,企业内部分工程度提高,在A国每个布匹工人个人生产技术没有变化的条件下,A国布匹行业“实际利用的生产技术”提高了。如果A国布匹行业实际上生产1单位布匹只需要1.4单位的劳动，那么比较优势就会再次发生逆转。

马歇尔部分地描述了这种可能性。在《经济学原理》一书中，马歇尔分别论述了“大规模生产”与“产业区”的问题。[①] 马歇尔的分析包含了两个重要概念，即规模经济和集聚经济。规模经济与集聚经济的存在使得商品的生产成本不再完全依赖于要素的价格，从而弱化了资源禀赋对国际分工的决定作用。

所谓规模经济，是指伴随着生产能力扩大而形成的单位成本降低、收益递增的现象。迪克特和斯蒂格利茨(1977)较早地将规模经济概念运用于国际分工与贸易领域。假定有两个国家，一个是资本丰裕型的“外国”，一个是劳动丰裕型的“本国”。一种产品，是具有规模经济的劳动密集型产业。现在由于某种原因，外国首先进入该产业，从而扩大了生产规模，降低了平均成本，即存在“先动优势”。这意味着，虽然外国由于资源禀赋的劣势，从而在每一产量水平上，其平均成本都高于本国的平均成本，但是由于规模经济的作用，外国可能以低于本国平均

① 在对工业组织进行分析与考察的过程中，他系统而充分地论证了大规模生产的利益，他认为大规模生产的利益包括技术的经济、机械的经济、组织的经济和原料的经济等多个方面。他将产业区的形成过程描述为“工业集聚”，并将工业集聚的原因归结为六个方面：(1)协同创新的环境；(2)辅助性工业的存在；(3)对有专门技能的劳动的需求与供给；(4)劳动需求结构的不平衡；(5)区域经济的健康发展；(6)顾客的便利。

成本(对应于较小规模)的实际成本提供较大的数量。而与此相反,如果本国企业试图进入该产业,受初始规模的制约,只能以高于外国平均成本(对应于较大的规模)的实际成本提供较小规模的供给。结果本国企业在竞争中失败逐渐退出该生产领域,资本相对丰裕的外国成为该劳动密集型产业的主要生产者。因此,在迪克特等人看来,规模经济能够导致内生的(后天的)比较优势,这种后天的优势可能抵消资源禀赋方面的先天劣势。

所谓集聚效应,也被称为外部规模效应,是指由于厂商的集中与交流而产生的规模效益。克鲁格曼认为,如果一个国家由于某种原因而导致某一特定的产业很强大,那么就会产生强大的外部经济加强该产业的力量。他指出,外部经济有两种主要形式:一是技术性外部经济,指的是知识在厂商之间的扩散,即厂商可以互相学习,知识技术思想等可以在集聚地形成相对牢固的基础,从而加强该产业的优势;另一形式是货币性外部经济,它取决于市场规模。一个强大的本国产业为专业化的劳动和供应商提供了广阔的市场,而灵活的劳动大军和高效的生产者基础有可能加强产业的力量(朱钟悧、杨宝良,2003)。与规模效应的作用相似,集聚效应同样能够导致后天的比较优势。

在现实世界里,我们可以看到很多通过产业高度集聚从而在国际分工中获得优势的例子,如美国好莱坞的电影业、硅谷的电子信息产业等。产业集聚还可能使产业原本落后的国家超越最初在该产业有优势的国家，从而形成较强的国际竞争能力。如美国加州的葡萄酒业是一个相当集中的地区性产业，在加州戴维斯附近并不大的区域内，集中了多达680多家的葡萄酒酿酒企业和种植葡萄的果园，其产量几乎是美国葡萄酒的全部。围绕酿酒葡萄的种植和葡萄酒的生产的附属行业如葡萄酒制造设备，酒瓶、瓶盖、瓶塞、商标印刷和专业出版物等也高度集中于此。如今，加州葡萄酒的国际竞争力甚至已超过了具有"先天"优势的法国（朱钟棣、杨宝良，2003）。

第三节　扩大的比较优势概念：竞争优势

由于上述多种因素的影响，比较优势在很大程度上就独立于"要素禀赋"的影响。针对这种情况，20世纪80年代以来，美国经济学家迈克尔·波特提出了竞争优势的概念。波特认为，一个国家的某个产业能否在国际上处于优势地位，并不仅仅取决于该国的要素禀赋状况，更重要的是取决于该国的产业竞争力。波特指出一国的产业竞争力取决于四个基本因素和两个辅助因素：

1. 生产要素状况。与传统的比较优势理论一样，波特也强调了要素禀赋对一国经济发展的影响。但是波特对要素禀赋的认识与传统理论有了很大不同。波特根据产生机制的不同,将要素分为基本要素与推进要素两类。其中,基本要素类似于传统理论的“要素禀赋”,而推进要素的产生则依赖于“要素创造”。波特认为,靠基本要素获得的竞争优势难以持久,只有推进要素才是竞争优势的长远来源。

2. 国内需求状况。波特主要强调了国内需求对产品差异化的影响。波特认为,来自国内需求的信息常常在公司决策中占支配地位,一件产品的设计几乎总是首先反映国内需求的,所以一国国内市场对某一产业提供的需求复杂程度影响了该国这一产业的竞争优势。

3. 支持性产业及相关产业状况。波特主要强调的是外部性的影响。主要指的是零部件等上游产业及其他相关产业的国际竞争优势。波特认为,有竞争力的相关和支持性产业,能够有效降低目标产业的生产成本,促进目标产业的创新,例如国际竞争力强的零部件产业往往是其下游产业成功的关键因素。

4. 企业战略、结构与竞争者。如果某一产业的企业目标、策略及组织形式等方面的选择与该国在该产业的竞争优势资源恰好相符合,则这个国家在这项产业上的竞争优势将可充分展现。同时,国内市场上企业之间的竞争程度也对该产业的国际竞争力影响很大。

5. 机遇和政府行为。机遇的作用在于它可能打破现有的竞争环境结构,从而重构竞争优势。而政府的作用主要表现在通过制定有关的制度和政策来影响该产业国际竞争力。二者的作用都是通过影响以上四个因素而间接表现出来,所以二者构成了辅助要素。

“竞争优势理论超越了传统国际贸易理论对国家优势地位的片面认识,首次多角度、多层次地说明了竞争优势的确切内涵,指出国家优势形成的根本点在于竞争;而优势产业的确定是四组基本因素和两种辅助要素协同作用的结果……这样,国家竞争优势理论就建立了一个能够对当代国际贸易现象做出一般解释的基本通用的概念体系和理论框架。”① 那么,竞争优势与比较优势有什么关系呢?进一步,竞争优势理论能否替代比较优势理论成为国际分工的一般原则呢?

传统的比较优势理论建构在完全竞争的世界里,而竞争优势则建构于不完全竞争的基础之上,这是传统比较优势与竞争优势的区别所在。在完全竞争的世界里不存在规模经济与公司活动,产品是同质的,不存在非价格竞争,故要素禀赋优势直接体现为生产成本优势。但在不完全竞争的世界里,生产成本优势不但来源于要素禀赋优势,还可能来自于规模经济、产品差异等因素。

竞争优势理论并不能替代比较优势理论成为指导国

① 张二震、马野青:《国际贸易学》,南京大学出版社 2003 年版,第 89 页。

际分工的一般原则。竞争优势理论强调的是“一个国家的某个产业能否在国际上处于优势地位取决于该国的产业竞争力”，而所谓的产业竞争力主要表现在生产成本上。这就意味着，如果以竞争优势理论作为指导国际分工的一般原则，就重新回归到了“绝对优势理论”。

比较优势理论的基本思想在于不同国家生产不同产品时存在生产成本的差异，各国分工生产各自具有相对优势的产品，即机会成本相对较低的产品，即可通过国际贸易增进各国的福利。而竞争优势理论的四个基本因素的作用都直接反映在生产成本的变化上，这四个因素不均衡地作用于不同的产业，就会导致产业间生产成本的相对变化，从而比较优势的变化。① 从这个意义上讲，竞争优势理论提供的主要是影响比较优势的因素，所以竞争优势理论是传统比较优势理论的扩展而非替代。

① 在影响比较优势因素的分析中我们已涉及波特强调的大多数因素。

第七章　比较优势与发展战略

比较优势是确立一国(地区)在分工(国际和国内分工)体系中地位的根本因素,进而成为一国(地区)确立本国(本地区)发展战略的基础。比较优势内涵的变化必然导致国际分工战略的变化。在传统的比较优势战略下,一国的国际分工位置是"给定"的,而在动态比较优势战略下,一国可以选择自己的分工格局。本章首先对传统的比较优势战略可能导致的后果作了分析,然后提出了动态比较优势战略,最后给出了动态比较优势战略的实施途径。

第一节　比较优势陷阱

在传统的比较优势理论中,比较优势直接产生于其要素禀赋,但要素禀赋通常是固定不变的,所以由比较优势决定的国际分工格局是"先天"的;而在其动态模型中,比较优势虽然不依赖于"先天"的要素禀赋,但仍取决于要素禀赋的相对转移,而后者总是与一定的经济发展阶段相适应,所以由其决定的国际分工格局也是"给定"的。

这种“先天”的国际分工格局有可能导致一国经济陷入“比较优势陷阱”。

国际分工增强了参与国间的相互依赖性,使得国际贸易成为必然,增长了的经济剩余① 以贸易条件为中介在各参与国间重新分配。其后果是一国实际获得的分工利益相对独立于分工对经济剩余总量的影响,获得较多分工利益的国家必然是贸易条件较为有利的国家。而贸易条件的存在基础是参与国间产业结构的差异。一般认为,发达国家资本普遍较为丰裕而发展中国家劳动力比较丰裕,所以按照要素禀赋理论的指向,发达国家应主要生产资本密集型产品(主要是制成品),进口劳动密集型产品(主要是初级产品);发展中国家主要生产劳动密集型产品,进口资本密集型产品。但是由于初级产品的收入弹性较低而制成品的收入弹性较高,所以贸易条件的变化趋势不利于处于“外围”的发展中国家,而有利于处于“中心”的发达国家。由此产生的经济剩余转移的一般

① 在《增长的政治经济学》中,巴兰区分了三类经济剩余概念:(1)实际经济剩余,即“社会当前实际劳动产品与社会当前实际消费之间的差额”;(2)潜在经济剩余,它是指“在一定的自然条件下,利用可获得的生产资源可能生产出来的产品和被认为是必须消费品之间的差额”;(3)计划经济剩余,“是指在一定历史时期的自然和技术条件下,有计划地‘最佳’利用一切可以获得的生产资料可能得到的社会最佳产值为一方,和所选定的最佳消费值为另一方之间的差额”。如果没有特别说明,本书所使用的经济剩余概念均指实际经济剩余。之所以采用经济剩余这一概念完全是出于对文献的尊重,实际经济剩余在本质上取决于分工利益。

规律是：经济剩余总是从产业结构较为落后的发展中国家流向较为先进的发达国家，即缪尔达尔所说的“回波效应”。

其后果如刘易斯所言：如果增长的引擎是较发达的国家的工业产品和欠发达的国家的初级产品的出口，那么较发达国家的引擎就比欠发达国家的引擎转动的略微快一些。世界各国的发展史支持了上述认识。如英国进入产业革命后，纺织工业、冶金工业、煤炭工业和机器制造业等产业率先发展，在国际市场上占据了绝对的优势，使英国成为当时最先进的国家。19世纪末至20世纪初，德国和美国的重工业取得优势地位，先后取代英国成为世界头号经济强国。而同时期的发展中国家却很少从国际分工中获利，“过去，许多发展中国家在与发达国家往来中获得的是少得不成比例的利益，从长期看，许多发展中国家在事实上甚至从合作中得到的是绝对的损害。”①

所以，一国的经济能否实现持续增长主要取决于其在国际分工格局中的位置。如果一国的要素禀赋在较为落后的产业方面具有比较优势，那么按照“要素禀赋理论”，该国只能选择发展该产业；但是，由要素禀赋决定的产业结构一旦形成，就会进一步强化要素禀赋的相对贫乏状况，通过一种“自增强机制”持续影响产业结构的选

① 迈克尔·托达罗：《经济发展》，中国经济出版社1999年版，第440页。

择,从而使该国在国际分工格局中一直处于不利位置。[①]假定在初始状态,外国资本禀赋比较丰裕,因而它们在制造业方面具有比较优势;而本国相对劳动力禀赋比较丰裕,因而在农业生产方面具有比较优势,并且两国的平均利润率相等。但是,农业受土地规模的限制发展缓慢,而制造业的发展则突破了这一限制,随着时间的推移,规模效应逐渐在制造业呈现。受此影响,制造业的生产率持续上升,利润率也随之上升。通过新的资本积累,外国的资本禀赋优势进一步扩大了。本国相对丰裕的劳动力使得自己的比较优势永远局限于生产力不高的农业生产方面,大量的经济剩余持续向外国转移,从而妨碍了本国经济的长期发展。静态的效率变成了动态的无效率。

因此,如果片面强调要素禀赋对产业选择的决定作用,有可能损害一个国家长期发展的可能性。为使长期发展的可能性成为现实,必须采取某种手段,以改变要素禀赋理论的先天指向。那么,这种改变是可能的吗?

---

① 要素价格均等化定理与这个逻辑相悖。按照要素价格均等化定理,从长期看来,一国可能成为密集使用本国相对稀缺要素商品的专业化生产国。但是由于假设条件非常严格,要素价格均等化定理的预测是极端的。“经济发展中,最引人注目的事实之一就是,相同的生产要素,例如具有同样技能的劳动者,在各国家中不能挣到同样的收入。”参见林德特:《国际经济学》,经济科学出版社1992年版,第94页。

第二节　动态比较优势战略

一、动态比较优势战略的提出

对日本的实证研究表明了改变要素禀赋可能性的存在。郝勒(1976)的一项研究表明,早在20世纪50年代,日本政府就明确支持超越本国劳动力相对丰裕的既有要素禀赋条件,发展资本、技术密集型产品的经济发展战略,从而使日本从70年代起就取得在资本密集型产品方面的比较优势。

日本经济学家筱原三代平认为日本的案例是对标准理论的一种改进:“现代经济学理论认为,在一个劳动丰裕而资本缺乏的经济中,发展劳动密集型生产将导致资源的合理配置……而且认为,任何与这一定理相反的措施都将违反经济原则,进而导致资源配置的扭曲。如果以上理论是正确的,日本通产省在50年代中期采取的政策就是错误的了。然而具有讽刺意义的是,日本的产业政策,通过与现代经济理论相反的做法而获得了空前的成功。传统思想的问题无疑在于它基本上是‘静态’的。而且它没有考虑到在未来10年或20年中工业比较优势发生动态变化的可能性。为取代这一传统理论,需要发展一种适应实际动态发展可能性的政策理论。”① 在此基

① 林德特:《国际经济学》,经济科学出版社1992年版,第113页。

础上，筱原三代平提出了“动态比较优势战略”，认为一国参与国际分工不应局限于要素禀赋的限制，而应根据国内外的具体条件，选择或者创造能够最能发挥比较优势的目标产业。

斯蒂芬·瑞丁认为，发展中经济会面临着这样一种选择：按照现有的比较优势进行专业化生产（技术水平较低的产品），还是通过政府的选择性产业政策与贸易政策建立具有“动态比较优势”的产业，即进入那些当前不具有比较优势但是通过生产力的增长在将来可能获得比较优势的产业。他认为，比较优势是由过去的技术变迁路径内生决定的，并同时决定着现在的技术创新速度，因此，存在这样的可能：按照当前的比较优势进行自由贸易可能会降低本国的社会福利，而采取贸易保护主义措施却可能增进社会福利。①

在上述理论的指导下，一些国家做出了提升其产业结构的努力，在实践中体现为重工业优先发展战略与进口替代战略等。前者的主要代表有前苏联、中国等，后者的主要代表有韩国等。试图对这些实践活动结果进行评价的文献充满了差异性，近期国内学者林毅夫（2003）、郭克莎（2003）等人对此的看法也表现出类似的差异性。

① 转引自林毅夫、孙希芳：“经济发展的比较优势战略理论——兼评《对中国外贸战略与贸易政策的评论》”，《国际经济评论》2003年第11期。

林毅夫教授是动态比较优势战略在国内的主要批评者。在“经济发展的比较优势战略理论——兼评《对中国外贸战略与贸易政策的评论》”一文中，林毅夫教授等人(2003)较为完整地阐述了其比较优势战略理论。该文的主要观点是：一国的产业结构是由其要素禀赋结构决定的。一个经济系统中产业结构总体水平的升级，从根本上说，依赖于该经济中要素禀赋结构的变化。因此，一个发展中国家要赶上发达国家，经济发展的目标应该定位于尽可能快地提升本国的要素禀赋结构。而提升本国的要素禀赋结构在一定程度上取决于该国所遵循的经济发展战略。如果一国能够遵循比较优势战略，一方面会诱导该国的企业进入具有比较优势的产业；另一方面企业能够低成本地从发达国家引进先进技术，这两个因素都有利于该国创造更多的经济剩余，从而增加该国的资本积累，改变其要素禀赋结构，实现持续的产业升级与经济增长。在此基础上，林毅夫教授进一步认为，如果以“动态比较优势”理论作为理论依据，支持发展违反比较优势的资本密集的产业，就会抑制其他具有比较优势产业的发展，从而延缓了这个国家要素禀赋结构的升级。

对比较优势理论的分析表明：要素禀赋无疑是决定生产成本的重要变量，我们认同他们关于要素禀赋对主导产业的形成具有重要作用的观点。但是，要素禀赋无疑不是决定生产成本的唯一变量，所以我们不赞同他们主导产业完全由要素禀赋决定的观点。而“比较优势陷阱”的存在则表明,对于一国的经济增长而言,重要的不仅仅是创造经济剩余,经济剩余的分配也至关重要,比较优势战略的实施于后者可能是不利的。所以我们不能赞同他们将“遵循比较优势”视做提升要素禀赋结构从而提升产业结构唯一途径的观点。恰恰相反,我们认为实施“动态比较优势战略”可能避开“比较优势陷阱”获得较多的经济剩余,从而更为有效地提升要素禀赋结构。

二、动态比较优势战略实施途径一:产业选择

依据“动态比较优势战略”,一个国家或地区可以先确定适合其长期发展的目标产业,然后再培育该产业的比较优势,最终通过市场竞争确立该产业的主导地位。这就涉及两个问题:一是应该优先发展什么样的产业?另一个是如何培育该产业的比较优势?这实际上是动态比较优势战略的实施途径问题。

目标产业的确定是“动态比较优势战略”实施的第一个步骤。对此问题的分析可以追溯到李斯特的“幼稚产业”标准。李斯特认为,所谓幼稚产业,是指那些国内幼稚的但有发展希望的工业,受保护对象通过一段时期之后能够成长起来。在此基础上,经济学家们又提出了一些更为严格的标准。

“穆勒—巴斯塔布尔选择准则”认为,确定幼稚产业的标准为:(1)最初为比较劣势的产业,经过一段时间保

护后，有可能变为比较优势产业，从而在保护期之后也能成长自立；(2)受保护产业将来所能产生的利益，必须超过现在因为实行保护而必然受到的损失。肯普在该准则的基础上，又补充了一个更为严格的标准：只有先行企业在学习过程中取得的成果对国内其他企业也具有外部经济效果时，这种保护才是恰当的。

日本经济学家小岛清认为，不应根据个别企业或产业的利弊得失来确定保护的对象，只要有利于国民经济的发展，即使不符合穆勒、肯普等人的准则，也是值得保护的。他指出，应当根据要素禀赋比率和比较优势的动态变化，选择一国经济发展中应予保护的幼稚产业。在此认识的基础上，小岛清提出了自己的选择准则：(1)所保护的幼稚产业要有利于潜在资源的利用，如果保护政策能够促使该国创造出利用潜在资源的国内外市场等条件，从而带动经济增长，那保护政策就是有效的；(2)对幼稚产业的保护要有利于国民经济结构的动态变化，一国的要素禀赋结构是变化着的，应当扶持那些适应要素结构变化的产业；(3)保护幼稚产业，应当有利于要素利用率的提高。①

不过，幼稚产业并不是应当重点发展的全部产业，依

---

① 张二震、马野青：《国际贸易学》，南京大学出版社2003年版，第166—168页。

据“动态比较优势战略”,目标产业还应包括那些本身符合资源禀赋优势的产业,因此幼稚产业标准不能完全概括目标产业的特征。另外,从实践来看,上述标准过于抽象。事实上,世界各国选择目标产业的依据主要有:

1. 产业关联效果标准。所谓产业关联效果是指各产业之间的相关程度。依据该标准,生产主导出口产品的产业应当与国内的其他产业具有最大的配套联系,以便通过这些产业的主导性发展带动其他产业迅速成长,形成本国在国际分工中稳定的比较优势。不过,郝希曼认为,对资本相对不足的发展中国家而言,应当优先发展后向关联效果较高的产业,故此,从“最终需求型制造业”出发被视为较适意的标准。

2. 收入弹性标准。收入弹性是指在价格不变的条件下,产品需求的增加幅度与人均收入增加幅度之比。如果收入弹性较高,那么随着收入的提高,对该产品需求的增加幅度就超过了收入增加的幅度。显然,随着收入的提高,收入弹性较高的产品在产业结构中的比重将逐步增加,因此,应着重发展那些收入弹性较大的产业,从而促使经济迅速增长和出口增加。

3. 生产率上升标准。在不同的产业之间,技术进步的速度有很大差别。技术进步较快的产业,成本下降的速度也较快,相应地其收益增加的速度就快。因此应从本国的资源、人力资本、技术等禀赋条件出发,着重选择发展那些在短时期内可能使本国生产率以最快速度提高的产业。

上述几项标准指出了产业选择的根本出发点。对一国而言，还应从本国的实际情况出发，对上述标准进行有侧重的选择并进行优化组合，以充分发挥本国的动态比较优势。[①]

三、动态比较优势战略实施途径二：比较优势培育

目标产业一旦确定，就应当致力于培育相关产业的比较优势，使之能够在未来自主成长。那么，应当如何培育比较优势呢？根据我们对比较优势形成因素的分析，可以将培育比较优势的途径分为以下几个层次：

1. 利用推进要素[②]以提升由基本要素决定的产业结构

要素禀赋对一国比较优势的形成是无可置疑的。发

---

① 依据 1997 年颁布的《当前国家重点鼓励发展的产业、产品和技术目录》，我国的产业选择标准可概括为：(1)符合当前和今后一个时期的市场需求，有比较广阔的发展前景；(2)有比较高的技术含量，有利于企业设备更新，加快对传统产业的技术改造，促进产业结构的优化和升级，全面提高经济效益；(3)国内存在从研究开发到实现产业化的潜在技术基础，经过努力，可以填补国内产业和技术空白，有利于形成新的经济增长点；(4)符合可持续发展战略，有利于资源节约以及生态环境保护；(5)供给能力相对滞后，提高其供给能力，有利于促进产业结构的合理化，保持国民经济的持续、快速、健康发展。参见杨公仆、夏大慰主编：《产业经济学》，上海财经大学出版社 1999 年版，第 95—98 页。

② 波特根据产生机制的不同，将要素分为基本要素与推进要素两类。其中，基本要素类似于传统理论的“要素禀赋”，因此可能导致“比较优势陷阱”的主要是基本要素。

展中国家普遍面临着一对矛盾：一方面根据要素禀赋，发展中国家在劳动力密集型产品方面具有比较优势，但是这些比较优势可能导致“比较优势陷阱”；另一方面根据发展中国家目前的经济发展水平，这些优势还必须利用。那么，应当如何充分利用其要素禀赋优势而又不致陷入比较优势陷阱呢？解决此矛盾的积极途径是借助推进要素提升由基本要素决定的产业结构。例如在高科技产品领域，如果资本、技术、品牌等相同，那么由于发展中国家劳动成本较低，发展中国家就可能具有该产品生产的比较优势。

一般而言，发展中国家通常是基本要素比较丰裕而推进要素普遍缺乏，不过，与基本要素（如自然资源、地理位置等）相比，推进要素（如技术、品牌、创意等）更具可流动性。这就为推进要素由发达国家向发展中国家转移提供了可能性。所以为实现产业结构提升的目的，政府应当在资金、政策等方面支持引入国外的推进要素。

但是，也不能过分依赖于国外推进要素的影响。从推进要素的转移来看，发达国家转移的大都是一些较为落后的推进要素，依赖这些落后的推进要素，发展中国家是不可能实现提升产业结构的目的的；相反，只能固化其落后的产业结构。因此，一国政府在支持引入国外推进要素的同时，还应当致力于创造本国的推进要素，如高技术的培育、对民族品牌的保护等等。

2.改造基本要素促进传统产业的发展

这里的基本要素主要指劳动力。里昂惕夫用投入产出模型对美国20世纪40年代和50年代的对外贸易情况做了分析,他发现美国参加国际分工是建立在劳动密集型专业分工的基础之上,而不是建立在资本密集型专业化分工之上。这一结论被称为"里昂惕夫悖论"。里昂惕夫对此的解释是:美国工人具有其他国家工人3倍的劳动生产率,因此应该用工人数乘以3,所以,美国实际上是劳动相对丰富的国家。这就表明,即使同为劳动力,也存在简单劳动与复杂劳动的区别,并且二者之间存在着很强的替代关系。如果一个国家只是劳动力资源丰富而劳动生产率较低,这个国家在劳动力密集型行业也很难真正具有比较优势。所以,发展中国家应当对传统的劳动密集型企业进行人力资本投入和技术投入,提高其技术密集度,使其由简单劳动密集型转变为复杂劳动密集型。

3.通过需求调节政策直接影响基本要素的相对差异状况

需求调节政策应包含两方面的内容。首先,调节支付能力,改变既有的需求格局,进而改变要素的相对差异。比如说,奢侈品大都属于资本密集型行业,为满足这类需求,就需要挤占大量资本,因此对奢侈品需求事实上增强了资本的稀缺程度;而我们知道,奢侈品属于收入弹性较高的产品,如果能够适当改变收入的分配,使收入分配相对向贫穷人口倾斜，就能降低对奢侈品的需求，从而起到减弱资本稀缺程度的作用。另一方面，政府也可以通过舆论宣传等方式影响消费者偏好，使其偏好向目标产业产品倾斜，确立“无形资产”在产品成本中的主体地位，从而减少对基本要素需求。

4.充分利用规模经济和外部经济降低目标产业生产成本

对发展中国家而言，提升产业结构并不是空中楼阁，因为大多数的目标产业在这些国家已普遍存在。只是它们往往具有规模过小、分布过于分散的问题，这一点已成为影响发展中国家比较优势的重要环节。政府应当根据其发展战略，适当选择培养少数支柱企业，扩大其生产规模，造成内部规模效应，同时指定一些重点发展区域，以利用外部规模效应。

5.适当的贸易保护

针对目标产业，可采取各种措施（如关税和非关税壁垒）限制相关商品和服务的进口，同时对目标产业商品与服务的出口实行补贴和各种优待，以促进目标产业的快速成长。贸易保护政策由来已久，近年来受到的批评也很多，但是在一些产业中，充分利用国际游戏规则，对目标产业进行适当的贸易保护仍是必要的。

四、动态比较优势战略实施例证

日本钢铁业的发展可以作为一个动态比较优势战略

实施的典型例证。战后,日本选择了钢铁工业作为其目标产业。之所以做出这种选择,主要基于以下理由:(1)钢铁业属于生产资料行业,其发展不仅直接能为社会创造财富,而且还能为其他产业提供原材料,因此,钢铁业为具有较强外部性的产业,该产业的发展必然会促进其他相关产业的发展。(2)作为机械设备的基础材料,钢铁业的需求从长期看来是持续上升的。(3)在国际竞争中,钢铁业的发展通常被视为现代化的象征与国际军事实力的关键。

但是,当时日本经济并不具备发展钢铁业的比较优势。(1)从要素禀赋来看,1955年,日本的国民生产总值仅为249亿美元,为美国的6%,西德的56%,人均国民收入只有194美元,在资本主义世界排第34位,日本显然是劳动力相对丰裕的国家,而钢铁业是典型的资本密集型行业。(2)从产业规模来看,受第二次世界大战的影响,日本的钢铁业规模急剧萎缩,当时控制世界钢铁市场的主要是美国、德国与英国。

在这种条件下,日本仍然依靠有意识的政府干预实现了钢铁业的快速发展。主要手段包括:

(1)1946年日本政府提出了“重点生产方式政策”。该政策的基本内容是:增加煤炭生产,并将其主要分配给钢铁部门以增加钢材生产,然后又将钢材重点分配给煤炭部门进而增加煤炭生产,这样以煤炭和钢铁这两个部门为轴心，双方互相促进以扩大生产规模。

(2)在50年代初期，日本推行了《钢铁第一次合理化计划》，其重点是引进国外先进生产技术，以更新轧钢设备，提高钢铁工业产品的质量。

(3)1963年提出《60年代通商产业政策构想》，明确了重化学工业化的思路，要求国民经济各部门要确保产业结构高度化的实现，对产业结构高度化起关键性的部门，应以追求"规模利益"为轴心，增强国际竞争能力；对供应原材料、动力等基础性作用的部门要价格低廉，确保供应。针对上述构想，日本政府选择具有潜在优势的产业，如钢铁业等，充分运用财政、金融等手段，将国家大量资金投向这些产业并带动民间资金的进入，扶持和促进这些产业的发展。

(4)日本一方面对重点产业实行贸易保护，另一方面通过产业组织政策，加速企业规模的大型化和集团化，以便实现规模经济效益，增强国际竞争力。①

通过上述种种手段，日本成功地培育了钢铁生产的比较优势，并于60年代晚期放弃了对钢铁业的保护。到1976年，日本企业钢铁的生产成本比美国低了44%。其中，成本差距的15%是因为日本企业用的铁矿石便宜，大

---

① 金明善、车维汉主编：《赶超经济理论》，人民出版社2001年版，第208—212页。

约50%是由于日本较低的工资率,大约30%是由于日本比美国有更高的全要素生产率,大约5%是由于其他因素。[①] 日本很快成长为钢铁的主要出口国。

在"经济发展的比较优势战略理论——兼评《对中国外贸战略与贸易政策的评论》"一文中,林毅夫教授正确地描述了日本钢铁业的发展,但是他认为"日本政府的政策固然成功地促进了钢铁工业本身的成长,但是日本钢铁产业的利润率大大低于其制造业的平均利润率",从而否定了日本钢铁业的发展的有益性。事实上,日本制造业的高利润率在一定程度上是钢铁业高速发展的后果,如果要否定钢铁业发展的有益性,至少应该说明钢铁业对于把钢铁作为投入的其他制造业(如汽车)之间的影响。

① 林德特:《国际经济学》,经济科学出版社1992年版,第262页。

第八章　比较优势与文化产业发展模式

比较优势是分工的基础，分工的状况决定了产业发展。因此作为新兴产业的文化产业必须依托或者通过打造比较优势才能够实现持续发展。本章将以比较优势理论为指导，考察国际文化产业发展模式。

第一节　文化产业比较优势成因分析

“比较优势”是分工与国际分工的一般原则。可以预期，所有影响比较优势的因素（要素禀赋、生产技术与生产方式、需求偏好）都会对文化领域的分工产生重要影响。但是，这些因素影响文化产业的具体途径与方式，与一般产业相比，又有所区别。大致可以概括如下：

1.要素禀赋

文化产业是典型的“高投入”产业，例如仅《美丽心灵》一部电影的基本投资就达到7000万美元，因此从要素禀赋来看，文化产业是典型的资本密集型产业。不过，资本对文化产业的影响并非决定性的，文化产业的核心要素主要是文化资源。所谓文化资源，一般是指具有文化特征和人类进步活动痕迹的具有人文和传统价值的一类资源，包括历史遗迹、民俗文化、地域文化、乡土风情、文学历史、民族音乐、宗教文化、资源风光等。[①] 几乎每一种文化产业的发展都离不开文化资源的支持。

2.生产技术与生产方式

计算机与信息技术的发展，特别是多媒体技术、互联网及计算机与通讯技术的发展能够有效地降低文化产品的生产、销售成本。传播媒介技术是文化产业的核心技术，而近年来互联网、卫星输送节目系统，以及 DVD 的发展为文化产品的传播提供了新的途径。许多研究者认为，互联网在十年内将成为向家庭输送电影娱乐与音乐录制的主要方法，至于 DBS 的发展则可能持续至 2003 年。生产技术这些发展显然会极大地改变文化产业的生产模式。

规模经济与外部经济在文化产业中表现的更为明显。仍以电影业为例。电影的拍摄需要一定的设备与人员、经验等要素，而这些要素基本上都是可以通用的，电影拍摄得越多，要素的利用率越高，每部电影需要承担的固定支出就越低。也正因为这个原因，电影业呈现出集

① 山西文化产业研究中心课题："山西文化资源评估指标体系及评估方法研究"，郭惠英主持。

中的趋势,如美国的“好莱坞”、印度的“宝莱坞”以及中国香港地区都是著名的电影生产基地。

3.创新能力

分工是创新的结果,因此对所有的产业发展而言,创新能力都是至关重要的。不过,创新能力对文化产业的影响似乎更加明显。文化产品满足的是人们的精神需求,而人与人之间精神需求的差异性要远远大于物质需求的差异性,为满足消费者对文化产品差异性的要求,就更加需要不断创新以提供多种多样的文化产品。在这个意义上,可以说创新是文化产业的灵魂。

4.经济发展水平

经济发展水平对文化产业比较优势的影响主要体现在两个方面。首先,一国的经济发展水平越高,对文化产品的国内需求就越具前瞻性,在这种情况下,国内公司将率先发现“商机”,使其产品不断更新,从而保持在文化产业中的领先地位。其次,一国的经济发展水平越高,对文化产品的国内需求量就越大,这显然有利于国内公司扩大生产规模,从而实现规模经济。

由于这些因素在不同的国家之间分布很不均衡,所以各国文化产业的比较优势也体现出了一定的差异性。由此决定,各国文化产业发展模式也有很大差异。在本章以下部分,我们以比较优势为核心,分析美国、欧盟与韩国的文化产业发展模式。

第二节　国际主要的文化产业发展模式

一、美国:制度支撑下的资本主导型模式

美国无疑是资本密集型国家,而在相对缺乏的劳动力资源中,又以智力型劳动力资源为主;其文化产业的资本集中度[①] 与对现代科学技术的利用程度[②] 都非常高;美国的经济发展水平有目共睹。虽然在文化资源方面存在一定的劣势,但是其文化产业的创新能力足以弥补这一不足。美国文化产业不仅创造了大量的虚拟故事和人物(如迪斯尼乐园),而且还开发利用了世界其他各国的文化资源,从而丰富了美国发展文化产业所需的文化资源。以动画片《花木兰》为例。花木兰的故事发生于中国,在中国可谓妇孺皆知,是中国文化资源的重要组成部

① 甘尼特报业公司、赫斯特报业公司、纽约时报公司、华盛顿邮报公司等 20 家公司控制了日报销售的一半以上,杂志的销售也被仅有的几家大公司控制;美国广播公司、哥伦比亚广播公司和全国广播公司三家联网,覆盖了全国 90%以上的观众;华纳公司等几家生产的唱片、磁带占据全国总量的 80%。

② 20 世纪 90 年代,美国图书出版公司、音像出版公司就开始把网络技术应用于销售,极大地方便了消费者的选购,从而推动了图书和音像出版业的发展。迪斯尼把高新技术应用于文化娱乐业,1993 年的销售额为 85 亿美元,到 1997 年仅仅 4 年的时间就达到了 225 亿美元;百老汇音乐剧生产中的科技含量之高,是许多传统表演艺术无法比拟的,其表演场景美轮美奂,辅之以高品质的灯光、音响效果,使人犹如身临其境,大大增强了艺术感染力。

分,但是美国电影业利用其创新能力、市场运作能力,将花木兰的故事演绎为一部崭新的动画片,获得了极高的收视率和巨大的票房及利润。

作为世界上最发达的、资本最丰裕的国家,美国在文化产业发展中的全方位强势地位是由其资本比较优势奠定的,这一特征决定了美国文化产业的运作方式。"压强原则"和"主流化原则"是美国文化产业发展的普遍法则。通过强大的资本实力,实行大资本投入模式,它们在成功关键因素和选定的战略生长点上,以超过主要竞争对手的强度配置资源,要么不做,要做,就极大限度地集中人力、物力、财力,实现重点突破;一旦突破,就全力以赴,最大限度地扩展市场,以网络化的方式变成该市场的主流产品和主流服务网。[①]

由于美国长期实行的市场化和自由化的经济体制,其经济水平和资本丰裕度居世界首位,文化产业的发展获得了强有力的社会资本支持,且逐步形成了资本主导型模式。因此,美国政府对文化产业的直接支持明显要少于其他国家。1997年美国文化(专指艺术)的经费总额为175.83亿美元,其中政府直接资助20.96亿美元。虽然绝对数量不小,但与其国民生产总值相比则微乎其微。

① 花建等:《文化金矿——全球文化产业投资之谜》,海天出版社2003年版,第185—186页。

美国文化产业的发展经费主要来自于各产业部门的良性循环。美国政府对文化产业的支持主要体现在制度建设方面。

1. 强调对知识产权的保护。综观文化产业的各行各业,几乎都涉及知识产权问题,也可以说,对知识产权的保护是文化产业的生存与发展的前提条件。以电影业为例。美国一部电影的投资通常高达数千万元,而其产品又极容易被低成本地复制、拷贝,如果对"复制、拷贝"行为不加以限制,美国电影业的生存就几乎没有可能。作为文化产业的发达国家,美国知识产权受到的损害是最多的,这已成为影响美国文化产业发展的一个主要因素。所以美国政府历来强调对知识产权的保护。近年来,随着新技术的发展,美国文化产业获得了长足的发展,但是"这些新技术也带来了新问题,即光盘的盗版问题。因此极需要完善版权保护。目前 MP3 技术已能下载音乐,下载电影娱乐的技术也已出现。这种情况下,对 DVD 与互联网的保护已成为迫切的命题"①。为了强化对知识产权的保护,美国政府制定了一系列法律法规并签订了一系列双边协定,从而较好地保护了其文化产业的发展。

2. 积极推动文化产品贸易自由化。随着美国文化产业的发展,国内竞争加剧,市场利润率大幅下降,在这种

① 引自美国商业部编制的《美国产业与贸易展望 2000》的年度报告。

情况下,海外市场对美国文化产业发展的重要性就日益凸现。这一点在美国电影产业的变化过程中反映得很明显,1980年,美国电影业收入的70%来自美国国内。在这之后的几年,其国外票房收入每年以6%至7%的速度增长,到1997年其国外票房收入已经达到58.5亿美元;现在,美国国内票房收入仅占其总收入的35%,与1980年国内与国外票房收入的次序颠倒了过来。美国商业部编制的《美国产业与贸易展望2000》的年度报告就认为"国际市场的作用"是娱乐业成功的关键。

面对美国在文化产业上的强势地位,一些进口国家看到其本土文化为美国产品所压倒,而本土文化又不能与其竞争时,就纷纷采取了各种形式的保护措施。例如加拿大为保护本国出版发行业,1995年12月制定有关法规,对美国在加发行的体育画报分版杂志广告收入征收80%的营业税,迫使这家杂志停止在加的发行。针对这一现象,美国政府不遗余力地推动文化产品贸易自由化。例如,美国商业部编制的《美国产业与贸易展望2000》的年度报告明确提出:"贸易服务协定(GATS)覆盖许多服务领域之一的视听服务贸易将是2000年开始谈判的内容之一。美国是对视听服务做出承诺的19个国家之一,其中13个国家业已在乌拉圭回合时做出承诺。其他6个国家是在1994年后才加入的。2000年将开始的谈判中,美国的目标是促使更多国家对视听贸易服务做出承诺,并鼓励扩大承诺的范围。目前某些主要贸易伙伴，例如欧盟，还没有对视听服务贸易做出承诺。”

二、欧盟：政府支持下的资源依托型模式

无论是资金情况，还是技术水平以及经济发展水平，欧盟国家都普遍弱于美国；不过由于欧盟国家的历史更为悠久，文化资源也相对丰富得多，因而文化资源构成了欧盟国家发展文化产业的主要优势。由此决定，“充分利用当地文化资源，发展文化产业”是欧盟国家发展文化产业的主要模式。

文化遗产项目是欧盟国家文化产业中最受关注和最基本的项目。例如《马斯特理郝特条约》第128条就明确规定：“各成员国应促进成员国的经济繁荣，在尊重国家与地区多样性的同时，把共同的文化遗产放在显著地位。”欧盟国家在选择文化项目时，既强调对文化遗产的保护，同时也强调对文化遗产的开发、利用。在意大利，地区基金在1985年到1993年间资助了拉哥培索雷城堡的修复工作。经过前期的大量研究和周密准备，该项目把文化遗产保护与商业运作、文化研究、环境保护结合在一起。具体措施包括：(1)整修一新的城堡将成为国家委员会弗雷德里克研究所所在地，负责历史建筑的整修、重新利用与环境治理工作；(2)设立国家森林保护中心；(3)将在修复后的城堡建筑中开设合作公司，组织参观、会议、展览、音乐和戏剧演出等活动。①

就整体而言，欧盟各国发展文化产业的“优势”普遍弱于美国，但是与美国之外的其他国家相比，欧盟国家在这些方面又占有一定的优势。这就使得欧盟国家的文化产业发展模式介于“市场化”与“政府主导”之间。欧盟国家对文化产业的扶持力度明显超过了美国。

法国政府对文化产业给予不同形式的财政支持或赞助。中央政府对文化产业的支持主要有两种形式：一是直接提供赞助、补助和奖金等。每一个从事文化活动的企业或民间协会，均可向文化部直接申请财政支持。二是制定减税等规章鼓励企业为文化发展提供各类帮助。有关企业可享受3%左右的税收优惠。统计表明，法国企业为文化发展提供的赞助，多年来一直高于对其他诸如环保行业的赞助。不过，法国地方政府是文化产业的主要资助者。1996年，法国各级地方政府用于文化事业的资金达303亿法郎(合46亿欧元)，其中，市级政府最主要的资助者，它们的资助额达到了235亿法郎，占总资助额的77.8%。从资助内容来看，音乐、歌剧和舞蹈是法国政府最主要的文化资助领域，资助金额高达68亿法郎，占总额的22.6%；对图书与出版业的资助金额为44亿法郎，占总额

① 花建等：《文化金矿——全球文化产业投资之谜》，海天出版社2003年版，第99—100页。

的14.5%;另一个获得较多资助的产业为综合性文艺活动,该产业获得了41亿法郎的政府资助,占资助总额的13.4%。

德国政府认为,只有国家的资助才能保障戏剧界艺术的自由。为此,德国的剧院与乐团每年获得公共资助达43亿马克,相当于联邦、州、市开支的0.2%,德国剧院的60000名职工和其他与剧院订有合同企业的职工都依靠这一政府的公共资助而维持其就业。地方政府为剧院和乐团支出的费用占其公共开支约63%。私人资助仅占其5%。德国政府把加强德国电影在欧洲和国际的合作作为其文化与经济政策的组成部分,对电影的发展,采取种种支持政策措施。例如于1968年根据德国联邦电影促进法(FFG)而创建的电影促进署,不仅资助电影制作,也支持电影院。其经费来源由所有影剧院、公共和私营电视台和录像业资助。

由于美国在文化产业发展中全方位的强势地位,美国对欧盟国家文化产业的发展形成了明显的威胁。面对这样的局面,欧盟国家纷纷采取了所谓的"文化战略"加以应对。例如法国和加拿大等国由于怕美国文化会在贸易中起主导作用,主张在讨论贸易协议时,把文化产品排除在外,即"文化例外";1998年4月在瑞典斯克霍尔姆的会议上,与会国认同了上述倡议,同意"应促进对文化商品与服务不能与其他商品等同对待的共识"。

在这一认识下,欧盟国家采取了各种保护措施。以视听产品为例。以美国占有了世界上40%的视听产品市场,其中欧洲视听产品市场的80%也为美国占有,与此形成鲜明对照的是,在美国国内,外国视听产品的份额仅为1%至2%。针对这种情况,欧盟国家主要采取了两条措施:一是对国产电影实行补贴,如法国政府规定对电影的票房收入加收11%的特别税,然后在有关机构的监督下,补贴到国产电影的制作当中;对录像带的制作和出租,法国政府也同样征收特别税。二是对电视节目实行配额制度。1989年10月欧共体通过一项关于"无边界电视"指导政策,建议各国所有电视频道至少播放50%的"欧洲原产"电视节目。

三、韩国:产业政策推动模式

在亚洲金融风暴之后,韩国政府认识到了文化产业的重要性,1998年正式提出"文化立国"方针,将文化产业作为其21世纪发展国家经济的战略性支柱产业。但是从比较优势的角度来看,与前面的国家相比,韩国发展文化产业处于普遍劣势地位。但是韩国政府认为:"如果我们通过促进创造性的冒险精神成功地发挥我们公民的潜力,尽管他们没有那么多的资本、劳动力或者资源,个人或国家也会富强。"① 在这一认识的支配下,韩国政府围

① 联合国计划发展署:《2001年人类发展报告》,中国财政经济出版社2001年版。

绕着"培育创新能力，发展文化产业"的中心出台了一系列的产业政策扶持文化产业的发展。

人才是创新的根本。韩国政府致力于培育文化产业方面的相关人才。国家决定自2000年至2005年共投入2000多亿韩元，抓紧培养复合型人才。重点抓好电影、卡通、游戏、广播影像等产业的高级人才培养。同时，加强艺术学科的实用性教育，扩大文化产业与纯艺术人员之间的交流合作，构建"文化艺术和文化产业双赢"的人才培养机制。

资金是创新的保证。近年来韩国文化事业财政预算不断增加，2000年首次突破国家总预算的1%，2001年又上调9.1%，进入"1兆韩元时代"，2003年达1兆1673亿韩元。随之，政府加大对文化产业的投入，文化产业预算由1998年的168亿元增加到2003年的1878亿元，占文化事业总预算的比例由3.5%增长到约17.9%。文化产业振兴院2002年通过国家预算拨款、投资组合、专项基金共融资文化产业事业费5000亿韩元，为文化创作和基础设施建设、营销和出口、人才培养各投入1700亿、1870亿、1430亿韩元。此外，韩国政府还通过设立"专项基金"、运作"文化产业专门投资组合"以及税收、信贷等优惠政策支持文化产业的发展。

除此之外，韩国政府还在组织管理、生产经营等有关方面逐步加强机制建设，对文化产品的研发与制作实施系统性扶持。在政府的鼓励支持下,从1997年到2002年,韩国合计崛起了11000多家与文化相关的中小企业。这些中小企业成为韩国文化产业创新的主力军。以电影业为例。韩国影坛较为活跃的影类风险投资公司如美路制片、电影2000、申电影等公司,以及独立制作企业如姜帝圭制片、朴哲珠制片等公司,都是专业化程度相当高的中小企业。

韩国文化产业的发展也面临着主要来自于美国、欧盟以及日本等发达国家的威胁,为此韩国也提出了"文化例外"的口号。但是由于韩国国内市场规模有限,要求得文化产业的大发展,必须开拓国际市场。在这种情况下,韩国政府采取了不同的策略。

1. 对外积极开拓国际市场。瞄准国际大市场,把以中国、日本为重点的东亚地区作为登陆世界的台阶,大力开发,促进出口。1999年1月韩国广播文化交流财团设立"影像制品出口支援中心",为每年生产1000部以上出口影像制品提供资金支持;2002年文化产业振兴院选定10个出口唱片项目,各支持3000万韩元制作费和2500万韩元外文版制作费,签约时先提供80%,制作完成检验合格后再提供20%。2002年韩国政府新设"出口奖",由文化观光部和文化产业振兴院对过去一年的出口产品和单位评选出十个奖项。游戏《Lineage》获"第一届大韩民国文化产业出口大奖",奖金1000万韩元。电视剧、电影、音乐、漫画、动画、卡通形象、移动网络各一项产品获“出口优秀奖”，奖金各 500 万韩元。两项“出口特别奖”分别授予生产电视剧《蓝色生死恋》的韩国广播公司和出口游戏业绩突出的 Ncsoft 公司，奖金各 250 万韩元。除奖金外，国家还为获奖单位提供国内外经营出口的多种优惠。

2. 对内强调民族文化的纯洁性。由于韩国对国际市场的依赖型，韩国政府没有采取通常关税或非关税保护措施，而是通过舆论宣传等影响韩国国民的消费偏好，培育国民对本土文化产品的认同感。韩国政府的这一举措取得了很大成功。90 年代前期，韩国电影的国内市场占有率一直停留在 20% 上下，1998 年上升到 24%，1999 年又上升到 38%，到 2001 年则接近了 50%。韩国电影发展委员会委员金弘准认为，韩国电影的成功在很大程度上应该归功于“团结一定强”的社会心理因素。这种心理因素曾经支持了韩国汽车、手机、家电等行业的发展，现在又强有力地支持着韩国文化产业的发展。“这种全面的参与、支持，追求集体生存的强烈意志力，或许正是韩国可以重新站起来，从而成功转型背后的主要原因。”①

---

①　杨玛利：“韩国利用文化产业振兴经济”，《中国贸易报》2003 年 3 月 4 日。

第四篇　我国文化产业发展之路

分工的演化催生了文化产业，文化产业成为21世纪的“朝阳产业”、“黄金产业”和“主导产业”。西方发达国家借助在国际分工体系中的主导地位，依托本国的比较优势和基于比较优势的竞争优势，纷纷通过强有力的产业政策，大力推动本国文化产业的发展，形成了各具特色的文化产业发展模式。对于处于工业化中期阶段的我国，顺应国际分工发展趋势，积极寻找在国际文化产业分工体系中的比较优势，通过一系列的政策支持，促进文化产业的发展，培育文化产业的国际竞争力，是必然选择。本篇紧紧抓住我国在国际分工体系中面临的工业化、信息化和全球化三大潮流，通过分析我国的比较优势，确立文化产业的模式及其政策体系。

第九章　工业化、信息化、全球化与我国文化产业发展

从分工演化角度看，我国面临工业化、信息化和全球化三个挑战。工业化是我国社会分工程度的标志，信息化是国际分工当前表现出的潮流和趋势，全球化是国内分工和国际分工接轨的产物。文化产业是分工演化到要求打通经济和文化的界线，实现经济文化化和文化经济化的产物。我国的现实是自身的发展刚刚进入工业化中期阶段，却要面临国际分工带来的信息化、全球化的挑战，要在这样的环境下发展文化产业，这就决定了我国必须综合考虑工业化、信息化和全球化对文化产业的影响，走出一条区别于西方发达国家的、工业化阶段中的新型文化产业道路。本章主要从文化产业发展的要素支撑角度探索这一问题。

第一节　工业化与文化产业

按照钱纳里对工业化进程六个时期和三个阶段的划分，我国已经进入工业化中期阶段。从要素供给角度看，

工业化中期阶段将会对文化产业发展形成如下制约。

首先,工业化中期阶段是对资本高度依赖的阶段,在资本有限供给条件下,文化产业发展面临资本约束。工业化进程事实上就是一个资本有机构成逐步提高的机器大工业过程,是资本对经济增长贡献率不断提高的过程。在工业化中期阶段,社会的资本有机构成已经达到较高水平,工业体系以资本密集型的重工业为支柱,资本贡献率已经达到很高水平,对不变资本的依赖度极强,需要有充足的资本供给支撑整个工业体系的有效运转。不仅如此,一方面,工业化中期还需要不断增加新的投资,用以增加经济的"迂回"程度,完善工业化体系,推进工业化进程;另一方面,工业化中期阶段对社会基础设施提出了较高的要求,需要巨额投资进行基础设施建设。钱纳里对不同类型国家工业化进程的研究表明:工业化中期阶段,"社会基础设施占用的资本份额相当高,超过了初级产品生产和制造业生产所占用的资本份额之和"①。所以,处于工业化中期阶段的国家往往都要保持较高的积累率,以保证工业化的资本需求。以文化产业化经营为己任的文化产业,作为一种新兴服务业需要资本大力支撑,尤其是在全球化背景下,面临发达国家强势技术和资本压力,

① 钱纳里等:《工业化和经济增长的比较研究》,上海三联书店、上海人民出版社1995年版,第91页。

要想开发出具有竞争力的文化产品和服务,更需要巨额资本的支撑。这样,在工业化中期阶段发展文化产业必然面临有限的资本供给在工业化和文化产业之间的分配难题,从而对文化产业的发展产生资本约束。

其次,工业化中期阶段工业品面临较强的市场实现压力,文化产品和服务的市场实现受到约束。按照钱纳里的标准工业化模式,食品需求下降,投资和消费需求上升,即恩格尔系数下降是工业化的典型特征,尤其是在进入工业化中期阶段之后,恩格尔系数将有较快速度的下降,从而对工业品产生较强的市场需求。但是,这个论断是以劳动力和资本在传统部门和现代部门之间的顺利转移为前提的,其逻辑为:传统部门廉价劳动力顺利进入现代部门,为现代部门积累充足的资本(利润和资本积累),这些资本形成有效的生产性投资,促进现代部门的发展,现代部门劳动力收入高,产生对工业品的有效需求。我国的现实恰恰在于,农村剩余劳动力难以进入城市,割断了工业化的要素供给链条,但是,我国又凭借国家力量"催生"了现代部门,从而出现了现代部门生产的工业品因有效需求不足而过剩的现状。另外,有发展经济学凯恩斯革命之称的拉克西特模型还进一步提出发展中国家由于商品市场不完善、信贷市场无组织性和土地偏好等原因都将引起工业化过程中出现有效需求不足。有效需求不足是发展中国家工业化中期阶段的典型市场特征。

在这种情况下，各类产品和服务对市场的争夺将异常激烈。文化产业为人们提供的文化产品和服务着眼于人们的精神文化需求，在工业化中期尽管人们有一定的精神文化需求，但是相对于关系到生存的物质产品而言，这种需求的强度要小得多，文化产品和服务的市场实现将受到较大的约束。

再次，工业化中期阶段居民收入差距拉大，从而使人们的文化消费力不足，文化产业发展空间有限。按照一般的发展经济学理论，随着工业化进程的推进，人们的收入水平和消费结构会发生较大的变化，恩格尔系数下降，文化消费将大幅提高，从而为文化产业提供广阔的市场空间。[①]《中国文化产业发展报告》依据钱纳里的标准工业化模式对我国文化需求总量进行了测算，认为与我国当前人均 GDP 达到 1000 美元（工业化中期的水平）对应的文化消费应该占个人消费总量的 18%，需求总量应该在 10900 亿元。[②] 这种估算与实际存在较大的差距，其所依据的理论基础与我国的现实严重不符。我国虽然总体上达到工业化中期水平，居民收入大幅度提高，但是伴随工业化的是收入分配的严重不平等，居民收入差距越来越大，基尼系数已经超过国际警戒线，2002 年达到 0.454。

---

① 国内大多数学者均以此为依据，论证我国发展文化产业的必然性。

② 张晓明等：《2004 年：中国文化产业发展报告》，社会科学文献出版社 2004 年版，第 12 页。

据中国社会科学院经济研究所的调查数据,2002年收入最高的1%人群组获得全社会总收入的6.1%,最高的10%人群组获得了总收入的近32%。[①] 据赵人伟的调查,截至2002年6月,我国最低收入10%的家庭,其财产总额占全部居民财产的1.4%,而最高收入10%的家庭其财产总额占全部居民财产的45%。[②] 因此,虽然我国整体进入小康社会,但大多数居民收入仍然较低,文化消费极其有限,文化产品和服务事实上成为少数高收入者的"奢侈品",并没有成为普通居民生活的组成部分。更何况,在我国居民有限的文化消费中,大多数都集中于教育消费,而非文化产业的主体内容。如北京市居民教育支出占文化消费支出的比重由1997年的37%上升到2002年的49%。[③] 从农村和城市结构来看,据李康华的测算,农村居民由于收入低,年均文化消费不足200元,农村文化市场前景暗淡;城市居民的人均文化消费水平虽然为农村居民的3倍,但是,城市受到作为工业化中期典型标志的产业结构调整的冲击,存在大量失业人员,从而导致在结构上陷入只有少数高收入者能够消费文化产品和服务,大多数工薪阶层难以问津文化产业的窘况。因此,工业

---

① 郭凯:"谁阻碍了中国富人成为慈善家?",《21世纪经济报道》2004年3月1日。

② 赵人伟:"令人焦虑的居民财产差距",《改革内参》2003年第20期。

③ 根据北京市统计年鉴计算所得。

化中期文化产业的发展空间将远不如学者们预想的乐观。

当然,文化产业作为一种产业,本身是工业化的产物,可以说没有工业化不可能有文化产业,文化产业与工业化存在紧密的联系。

工业化为文化产业的发展提供了相对成熟的经营管理技术和制度体系。文化产业是运用产业化的经营管理手段和技术将抽象的文化转变为符合人们需求的具体文化产品和服务的一种活动。即在传统的文化传播链条之间加入产业化要素,将传统的文化传播模式由文化——消费者转变为文化——产业化——消费者。这就是学界所称的 A(Arts)+B(Business)+C(Consumer)模式(章建刚,2003)。因此,文化产业的核心在于产业化手段和技术,这种产业化的手段和技术正是由工业化提供的。文化产业所要做的仅仅是将工业化过程中形成的、针对物质产品的相对完备的产业化经营管理技术和手段体系,"复制"(不是照搬,而需要结合文化产品和服务的特点进行创新)于文化产品和服务之上。正是在此意义上讲,没有工业化就不可能有文化产业,文化产业是工业化成熟之后的产物。

工业化为文化产业发展提供技术支持。将抽象的文化内涵转变为现实的产品和服务,一方面需要为文化构建合适的物质载体,这就对制造技术提出了要求;

另一方面需要为文化传播提供合适的传播媒介,从而对传媒技术提出要求。文化产业的发展需要健全的技术体系支撑。工业化本身就是技术革命过程。以机器大工业为特征的现代工业体系为文化产业提供了现实的制造技术,作为工业化典型代表的通讯、电力、电磁技术的发展为文化产业提供了传媒技术支撑等等,工业化建立起来的技术体系为文化产业提供了强有力的技术支撑。

工业化为文化产业发展提供了经营管理人才。人才是产业发展的基础和根本性要素,文化产业作为一个新兴产业面临最严峻的挑战来自文化产业人才。具体到文化产业人才需求内部,我国一般有较好的文化人才储备,缺乏的是文化产业经营管理人才。人们往往强调文化产业人才既懂文化又懂产业化经营的复合性特征,将文化造诣和产业经营才能并重,甚至强调前者忽视后者,这恰恰忽视了产业化的实质。产业化的实质在于产业化经营管理,重在经营管理而非文化造诣。作为文化产业经营管理人才只要能够基本熟悉、了解文化产品和服务的内涵即可,更专业性的技能完全可以由专业性文化人才完成。从这个角度看,工业化已经为文化产业提供了大批的经营管理人才。工业化过程本身就是经营管理职业化的过程,就是经理革命的过程,就是职业经理阶层形成过程。这个职业经理阶层就是文化产业经营管理人才的摇篮。[①]

工业化改变了人们的生活方式，有助于文化消费习惯的形成和文化市场的培育。工业化并非仅仅是产业结构调整、经济发展过程，更主要的是，工业化是现代文明的发展过程。经过工业化的洗礼，人们彻底摆脱了对土地等自然资源的依赖，获得了真正的自由和解放，现代化的生活方式取代了"日出而作，日落而息"的封闭式生活方式。与现代生活方式和理念对应的就是消费需求和消费习惯的改变，精神文化需求日益强烈，文化消费比重逐步提高，文化市场蓬勃发展。

工业化中的产业结构调整为文化产业发展提供契机。随着劳动力、资本等要素由传统部门向现代部门的转移，产业结构随之进行调整，为文化产业发展提供契机：一方面，传统产业的衰落产生了大量剩余资本和劳动力等要素，如果引导合理可以诱使其进入文化产业；另一方面，产业结构调整过程就是通过产业重组，实现产业结构高级化的过程，这为新兴产业提供了发展契机（一般在产业格局稳定的情况下，新兴产业往往难以发展）。文化产业可以充分抓住这个调整的契机，获得发展的空间，甚至成为工业化中的新兴主导产业。

---

① 当前，职业经理人还没有大批进入文化产业的根本原因在于文化产业的产业利润还不太高，还存在诸多政策方面的不确定性。

第二节 信息化与文化产业

20世纪末期,发端于发达国家的信息化浪潮席卷全球,并迅速改变了人们的生活方式和世界经济的走向,对还处于工业化过程中的发展中国家提出巨大挑战和机遇,它与工业化一起成为发展中国家经济发展的主题。具体到文化产业的发展而言,信息化对文化产业的发展是机遇和挑战并存。

首先,信息化为文化产业发展提供了强有力的技术支持。文化是一种知觉、一种主张、一种主意、一种风格和一种方式。要将这种无形的文化转化为具体的产品和服务提供给广大消费者,需要展示技术、制造技术和传播技术的支持。信息化从多个方面强化和丰富了这些技术。文化展示技术方面,传统的文化展示主要依靠文字、图像、声音、实物和文化活动等。这种展示一方面表现力不够,另一方面在一定程度上会造成对文化资源的破坏。[①] 信息化通过电脑合成等信息化技术首先可以使文化内容的展示图像更清晰、气氛更加逼真,展示效果大大提升。其次,信息化还可以最大化的保护文化资源,在不直接接触文化资源的情况下,欣赏到文化资源的文化内

① 由于文化展示,尤其是旅游业的发展对文化资源的破坏是理论界持久争论的话题之一,也是文化产业面临争议的重要原因之一。

涵。如现在许多地方对文物古迹采取信息化的展示方式，游客在不进入遗址内部情况下，通过信息化手段就可以观赏文物古迹，再现文物古迹所反映的时代风貌。最后，信息化还带来了网络展示、信息文化产品展示等全新的文化展示手段。传播技术方面，信息化一方面强化了传统文化传播途径，使传统文化传播途径焕发新的活力；另一方面提供了新的文化传播途径。如书籍、影视等传统的文化产品、服务借助信息化产品和网络媒介进行传播等。无论是文化展示，还是文化传播，都是文化产业化经营的环节，都需要将文化转化为文化产品和服务，这就需要文化产品和服务制作技术的支撑。信息化一方面提升了传统文化产品和服务制造技术的水平和档次，从而使传统文化产品和服务多样化，更有竞争力；另一方面催生了大批信息文化产品和服务，直接带来了信息文化产业的兴起。

其次，信息化拓展了文化产业发展空间。同为“后工业化”时代产物的信息产业和文化产业存在紧密的内在联系，尤其是对于处于工业化中期阶段的我国而言，这种内在联系直接在工业化之中拓展出全新的文化产业市场空间和产业空间。市场空间方面，如前文所述，工业化与文化产业在市场方面存在一定程度的争夺，但是，信息化的兴起则开创出新的市场空间。这个空间是区别于传统物质空间的虚拟空间。它与文化的抽象性和虚拟性更加匹配，文化产品和服务可以避开在物质空间和工业品的竞争，而在虚拟空间中寻求新的生机。产业空间方面，信息化带来了信息产业的发展，但是，信息产业构筑起的庞大信息传播媒介、网络和虚拟空间需要有信息内容产品作为“物质”支撑。以文化的产业化经营为己任的文化产业，一方面恰恰可以为信息产业提供内容支持，促进信息产业的发展。就我国的情况，以网络游戏业和手机内容产业为代表的信息内容产业已经使文化产业成为信息产业的高端。据测算，网络游戏带动电信运营服务增值比例高达1:7，2002年网络游戏为电信业贡献价值达到68.3亿元，2003年达到150亿元，预计2004年将达到300亿元。① 另一方面文化产业的发展需要插上信息化的翅膀，飞出工业化的掣肘，开创出一片新的天地。李向民将信息化与文化产业之间的这种联系称为：“没有信息化的文化产业是折断了翅膀的鹰，没有文化的信息化是一座被盗掘空空的墓。”②

最后，信息化改变了人们的生活方式，为文化产业发展提供了坚实的市场基础。信息化是一场革命，是继工业革命之后进行的又一场思想观念和生活方式的革命。

① 张晓明等：《2004年：中国文化产业发展报告》，社会科学文献出版社2004年版，第9页。

② 李向民：“精神经济时代的中国文化产业”，《中国文化报》2004年4月2日。

这场革命为文化产业发展提供了坚实的市场基础。首先,信息革命降低了人们接触、感受和消费文化产品与服务的门槛。在工业化时代,人们要接触和感受文化产品和服务必须到专门的场所,或者购买专业的文化产品,但在信息化时代,人们足不出户就可以接受文化产品和服务,从而大大拓展了文化产业的受众范围。其次,信息化给予人们全新的文化体验。与工业化时代人们必须在物质世界中才可以体验文化不同,信息化时代人们可以通过网络进入全新的虚拟世界,感受全新的网络文化体验。最后,信息化提供给人们海量的文化信息,使人们接受多元文化的熏陶。工业化时代人们接受文化熏陶的强度往往受制于实际购买的文化产品和服务的数量,从而使文化产品和服务很难有充足的受众基础。信息化时代通过网络和信息产品可以提供海量的文化信息和服务,从而推动人们文化素质的提高和文化消费习惯的形成。总之,信息化强有力地改变了人们的生活方式,文化产品和服务已经成为人们生活中不可或缺的部分,文化产业自此获得了坚实的市场基础。

尽管信息化与文化产业存在紧密的内在联系,但是,要素的稀缺仍然带来了二者之间的冲突。

信息化的巨额资本需求使资本供给成为文化产业发展的"瓶颈"。信息产业是资本密集型行业,信息化进程的推进需要巨额资本作为支撑。特别是对于处于工业化中期阶段的我国而言,资本供给本身就非常紧张,信息化浪潮的兴起则进一步加剧了资本的短缺状况。文化产业作为新兴产业特别需要资本支持,但是,在工业化和信息化作为我国两大主流的情况下,整个社会的资本供给将自然主要集中于这两个领域,资本供给将成为影响文化产业发展的"瓶颈"。

信息化在高级劳动力市场中的强势地位将影响文化产业的劳动力供给。与工业化对劳动力要求不高,可以从传统部门(主要是农业)中直接获得劳动力供给不同,信息产业和文化产业均对劳动力有较高的要求。但是,我国高级劳动力市场发育刚刚起步,总量极其有限。因此,以总体过剩为特征的我国劳动力市场并不能够为信息产业和文化产业提供有效的劳动力供给,从而引发文化产业与信息产业对高级劳动力的争夺。在这场争夺中,作为我国两大主流之一的信息化无疑处于相对有利的位置。一方面国家对信息化高度重视,出台了一系列的政策扶持信息产业的发展;另一方面信息化潮流已经深入民心,已经形成了相对成熟的产业链条和产业集群,信息产业已经成为我国的第一产业,信息专业连续多年成为热门专业,信息人才已经成为高薪、时尚化的专业群体。而文化产业作为新兴产业,其合法化过程刚刚结束,合理化过程刚刚起步,文化产业的产业链条正处于构建之中,国家对文化产业的重视刚刚提上议事日程,文化产业人才的需求刚刚显现，人们对文化产业还没有形成共识和较好的市场预期。这种竞争态势决定了文化产业在与信息产业对高级劳动力争夺中将不可避免地处于下风，进一步加剧文化产业人才的短缺状况，制约文化产业的发展。

信息产业与文化产业目标都针对服务市场，因此存在对服务市场的争夺，这种争夺对处于工业化中期的我国将非常显著。尽管信息产业和文化产业都跨越第二产业和第三产业，但是，从二者提供的产品和服务看，无论是信息产品和服务，还是文化产品和服务都属于服务业范围，都面向服务市场。从发展历程看，信息产业和文化产业都是西方发达国家在完成工业化之后才诞生的，都属于"后工业化"社会的重要内容。信息产业与文化产业的这种相似性，决定了二者必然在产品和服务的实现方面存在竞争。尤其是对于正处于工业化中期阶段的我国，无论是居民的收入状况、消费能力，还是消费习惯和方式，均处于与工业化中期对应的水平，因此，服务市场容量自身有限。客观地讲，信息化本身存在超越我国发展水平，"强加"于我国的色彩，服务市场还难以支撑信息化的充分发展，信息产业在我国的快速发展自身存在泡沫成分，并进一步"吹"大了服务市场。前两年发生的网络泡沫破灭事件在一定程度上就是这种状况的直接体现。我国提出的新型工业化道路就是试图在信息化与工业化之间构筑联系的纽带，变信息化压力为经济发展动力。在这种情况下，同为“后工业化”产物、同属服务业的文化产业又接踵而来，对我国居民的消费能力提出挑战，对服务市场形成压力，在一定程度上文化产业正在成为推动居民超前消费的新兴力量。处于工业化中期阶段水平的服务市场在信息化和文化产业的双重压力下，将引发信息产业和文化产业之间激烈的市场争夺。在这场争夺中，具有先入优势的信息产业无疑对文化产业形成打压。其结果要么将文化产业扼杀在摇篮中，要么形成二者有机的结合，走向共赢。当前方兴未艾的信息文化产业显然代表了后者，而文化市场迟迟难以启动的现状则代表了前者。

第三节　全球化与文化产业

产业发展需要资本、劳动、技术和市场等要素的支持，前文从要素支撑角度分析了工业化和信息化对文化产业发展的影响。但是，前文的分析事实上是建立在封闭经济条件下的，即主要考虑一国内部的要素流动，没有考虑对外开放下的要素流动。在我国已经成为 WTO 成员、融入经济全球化的情况下，我国要素的流动将融入全球经济运行之中，从而为文化产业的发展带来新的契机。

首先，大量外资将缓解文化产业的资本供给压力。

如前文所述,工业化过程中资本的短缺是发展中国家普遍面临的一个难题,信息化进程进一步恶化了资本短缺状况。但是,随着对外开放步伐的加快,尤其是正式加入WTO后,我国已经全面融入全球经济之中,2003年我国的外贸依存度已经超过50%,比美国、日本还要高。大量外资涌入我国,2002年我国引进外资高达570亿美元,占世界外资总额的37%。大量外资的涌入大大克服了我国资本短缺的顽疾。这种状况对于文化产业的发展尤其重要,因为外资的进入并非着眼于我国自身资本需求,而是着眼于其自身的获利。文化产业作为一个新兴产业,具有较大的获利空间,而且我国有丰富的文化资源,无疑会成为外资进入的热点领域,这将大大缓解文化产业发展的资本短缺状况。

其次,巨大的国际市场将克服我国文化市场容量不足的先天性缺陷。如前文所述,处于工业化中期阶段的现实决定了尽管文化产业有较大的发展潜力,但是在工业化和信息化双重压力下,我国文化市场刚刚起步,正处于发育期,市场容量有限且不够规范。因此,当前我国文化产业发展缺乏现实市场力量的支持。如果站在全球化角度看,文化产业已经成为全球经济与社会发展的重要组成部分和发展趋势,在一些发达国家已经成为其支柱产业。国际文化市场已经蓬勃发展,市场相对成熟,容量大且正处于快速膨胀过程中。我国有丰富的文化资源,在本国市场有限的约束下，如果能够确立全球化导向的发展战略，借助国际市场发展本国文化产业将是一条有效的途径。

再次，国际文化产业人才的引进将为我国文化产业发展提供人才支持。人才是产业发展的基本要素，尤其对于文化产业这种创意产业，人才是制约产业发展的根本要素。如前文所述，工业化为文化产业提供了基本的人才储备，但是，由于文化产业与信息产业均对人才有比较高的要求，在工业化为新兴产业提供的有限人才供给下，信息产业的强势势必对文化产业构成威胁。这种状况随着我国全球化步伐的加快将得以改变。随着大批外资企业的建立，一批国际文化产业人才将进入我国。随着对外交流的开展，大批具有我国文化背景、又熟悉国际文化产业操作的留学人员将投身于文化产业中。同时，国际文化产业人才和跨国文化产业公司进入我国，将强力推动文化产业人才的成长和培育步伐，从而为我国文化产业发展提供人才支持。

最后，国际化的文化产业经营管理理念和方法将为我国文化产业提供管理要素支持。管理是产业发展的重要要素之一，文化产业着力于文化产业化的实质决定了它对管理要素具有特别的需求。尤其是在我国长期将文化视为事业而非产业、严重缺乏文化的产业化经营管理实践和经验的历史背景下，文化产业的发展对管理要素具有较强的依赖性。随着我国对外开放步伐的加快，这种状况将可以得到一定程度的改善。首先，全球化将可以为我国带来先进的文化产业经营管理理念，从而推动文化观念的转变和文化产业管理理念的形成，促进文化产业的形成和发展。其次，全球化可以为我国带来全新的文化经营管理方法和管理制度，从而加速文化的产业化步伐，使我国文化产业尽快走向规范化、制度化发展轨道。

当然，全球化在为我国文化产业发展解决要素供给难题的同时，也对我国文化产业的发展存在很强的约束。

首先，全球化带来的文化霸权将侵蚀我国的文化资源，削弱我国文化产业的比较优势。全球化是经济全球化和文化全球化的统一，经济全球化为文化全球化开路，文化全球化促进经济全球化。但是，由于全球化是由西方发达国家发起的，它们在经济全球化中拥有强势地位，因而伴随其强势商品、资本和技术在全球的流动，西方发达国家的文化将在全球传播。我国要引进国外的技术、资本和商品，就必须接受其文化，西方文化借助经济优势(霸权)在全球形成了文化霸权。也正是出于对此的担忧和文化多样性的考虑，在全球化规则中专门设置了文化例外条款。但是，文化例外条款并不能够阻止伴随经济发展带来的文化霸权。与直接的文化输入相比，这种文化霸权更具有侵蚀力和破坏力。文化霸权对广大发展中国家形成巨大的文化压力,严重侵蚀我国的传统文化资源,压缩传统文化的生存发展空间,削弱我国文化产业发展的文化资源比较优势,大有使我国的文化产业陷入无源之水困境的可能。

其次,全球化带来了有利于发达国家的文化产业全球规则,将迫使我国文化产业在起步时期就受到这些规则的压力,从而抑止我国文化产业的发展。文化产业首先在西方发达国家发展起来的,其已经形成了有利于这些国家的产业发展规则,伴随着全球化进程的推进,这些规则已经成为全球文化产业发展的基本规则。我国文化产业要确立外向型发展模式,必须从其起步阶段起就遵循这些规则。但是,一方面这些规则自身存在不平等性,有利于规则的制定国,会对我国文化产业形成较大压力;另一方面,规则是产业成熟时期的产物,是强势资本、技术实力的体现。在我国资本、技术和管理等要素都存在约束的情况下,自然要受到这些规则的约束。因此,文化产业全球化规则成为我国文化产业发展首先需要突破的瓶颈。如果能够突破,实现与国际文化产业接轨,我国将真正迎来文化产业的春天。否则,我国文化产业将难以获得真正的发展。

再次,大批国外文化产业集团将给我国文化产业企业带来极大的成长压力。产业的发展需要一个艰苦的培育过程,在培育过程中如果能够获得相对稳定的竞争环境，将有助于产业的快速成长。在全球化背景下，我国文化产业在起步阶段就要面临激烈的市场竞争，尤其是携资本、技术优势的大批国外文化产业集团进入我国，更压缩了我国文化产业的成长空间，给我国文化产业带来巨大的竞争压力，遏制我国文化产业企业的成长，产业微观基础的培育。

最后，国外跨国公司对文化资源的深度开发，将严重“掠夺”我国的文化资源。文化产业的发展需要文化资源的支撑，因此对文化资源的争夺始终是文化产业发展的焦点。虽然，文化资源具有可多次开发、持续开发等不同于自然资源的特点，但是，文化资源开发每次都是以文化资源本身为依托，是对文化资源的不断的高层次开发，且一旦进行了高层次开发，就会使低层次开发的市场价值大大贬值，从而限制了后起者的发展空间。[①] 这就使文化资源的初次开发权成为文化资源争夺的核心。随着全球化进程的推进，发达国家的文化产业企业开始在全球争夺文化资源，并以其资本和技术优势进行深度开发。这

① 这一点和自然资源不同。自然资源是不可再生资源，初次开发后自然资源就已经消失，要继续开发，只能在初级产品基础上进行，从而形成产品链条和产品系列。文化资源可以多次开发，但每次开发的深度比上次必须提高，从而提高了开发的难度。如一个民间传说，一旦被开发成为一个电视剧，如果还要制作新版电视剧，不仅必须在原来的传说基础上重新制作剧本，而且需要在制作技术等方面超过原来电视剧的水平，否则将难以获得市场承认。

种争夺和深度开发,加大了我国开发文化资源的难度,直接压缩了我国对文化资源的开发空间,事实上构成了对文化资源的"掠夺"。如美国迪斯尼公司重新拍摄我国古装剧《花木兰》,且取得巨大成功,使我国如果要重拍《花木兰》的难度大大增强,从而造成了好像该文化资源仍然属于我国,但事实上难以开发的"事实掠夺"现状。

第四节 积极探索,走新型文化产业发展道路

工业化是我国自身发展的客观要求,信息化和全球化是发达国家引发的世界潮流对我国形成的外在压力。在内外夹击之下,我国文化产业绝对不能照搬发达国家文化产业模式,而要从我国国情出发,大胆创新和探索,走出一条有我国特色的新型文化产业发展道路。即,以新型工业化道路为依托,以全球化带动文化的产业化和经济的文化化,实现工业化、信息化、全球化和文化产业的协调发展。

新型文化产业发展道路是与西方发达国家走过的文化产业发展道路比较而言的,其"新"体现在:

1.西方发达国家文化产业发展道路是在"后工业化"社会发生的,而新型文化产业发展道路则是工业化过程中进行的。传统文化产业发展道路是在工业化完成之

后,社会结构、经济结构、产业结构、要素供给以及人们的生活习惯都已经发生了根本性改变的情况下而发展起来的。新型文化产业发展道路则是在缺乏以上支撑的条件下的文化产业发展道路。

2.西方发达国家文化产业道路是没有信息化的影响,而新型文化产业发展道路则是与信息化有机结合的文化产业。传统文化产业发展道路在工业化结束之时就已经起步,并取得蓬勃的发展。信息化是在上世纪末期才兴起的,传统文化产业发展道路中,文化产业与信息化的结合也是在上世纪末期才起步。而新型文化产业发展道路则直接诞生于信息化的影响,从其起步起,就必须实现文化产业与信息化的有机结合。

3.西方发达国家文化产业发展道路是先内向型后外向型发展路径,而新型文化产业发展道路则直接着眼于全球市场,是外向型的文化产业发展道路。传统文化产业发展道路中,文化产业往往在起步和成长阶段,主要针对本国市场,实行内向型发展模式。在获得一定规模实力之后才考虑走出国门,面向国际市场开展经营活动。新型文化产业发展道路则由于缺乏国内要素等方面的支持,以及在其萌芽阶段就已经受到全球化的影响,因此,它直接着眼于国际市场,实行外向型发展战略。

从具体内容看,新型文化产业发展道路包括以下层面:

1.着眼全球市场,实施以我国文化资源比较优势为依托的外向型文化产业发展战略。在全球化背景下,文化产业的发展必须树立全球意识,着眼于全球市场,实施外向型发展战略。比较优势是发展战略的核心。确立外向型发展战略,就要从国际分工出发,确立我国文化产业在全球的比较优势。我国具有五千年的文明史,拥有丰富的文化资源,这是其他国家难以比拟的。可以说在国际文化产业分工体系中,文化资源是我国的比较优势所在。我国外向型的文化产业发展战略必须以文化资源比较优势为依托,以最大化挖掘和实现文化资源优势向文化产业强势的转变为目标。只有这样,我国文化产业的发展才可以在全球文化产业中占据一席之地。

2.将信息文化产业作为文化产业的支柱产业,实现信息化和文化产业的有机结合。信息化在改变我国工业化道路的同时,对文化产业发展道路提出了挑战。西方发达国家的文化产业发展道路在信息化的冲击下,被迫实现信息化与文化产业的结合。信息文化产业就是这种结合的产物。我国文化产业在缺乏工业化完成后的各种要素支持情况下,又面临信息化的冲击。在信息化的强势之下,由与信息化的对抗转为合作,是我国文化产业发展的必然之路。这种合作首先体现在信息文化产业的发展中,我们不仅要大力发展信息文化产业,而且要将其作为我国文化产业的支柱产业打造。其次,要大胆使用信息化手段改造和强化传统文化产业的发展，提高其竞争力。

3.以工业化为依托，推动文化的产业化和经济的文化化，实现工业化和文化产业的协调发展。工业化水平是一国经济发展水平和生产力水平的根本标志，在我国工业化还处于中期阶段的情况下，文化产业的发展必须以工业化为依托。撇开工业化片面发展文化产业将不仅会使我国文化产业成为无源之水，而且会形成严重脱离我国现实的产业结构，阻碍工业化进程和生产力的发展。以工业化为依托，并非是被动的根据工业化水平发展文化产业，而是一方面要充分运用工业化的成果和手段发展文化产业，促进文化的产业化经营；另一方面要通过向工业化中注入文化内涵，提高工业化的水平和档次，推动经济文化化进程，最终实现工业化和文化产业的协调发展。

4.以全球化带动文化的产业化和经济的文化化，实现全球化与文化产业的协调发展。以全球化带动文化的产业化就是要扩大文化领域的对外开放，大胆引进和采用西方先进的文化产业技术、人才和资本，解决我国文化产业发展的要素瓶颈，促进文化产业的发展。以全球化带动经济的文化化就是要学习西方发达国家的经验，强化经济的文化属性，在经济中注入更多的文化内涵，提高经济竞争力。只有将文化的产业化和经济的文化化结合起来，促进文化经济一体化进程，才能真正实现全球化和文化产业的协调发展。

第十章　我国文化产业的发展：比较优势与发展模式

走新型文化产业发展道路是我国的必然和唯一选择。但是,如何在新型文化产业道路中具体地实现工业化、信息化和全球化的有机结合,则涉及我国文化产业的具体发展模式。本章试图从我国在国际文化产业分工体系中的比较优势出发,选择具有我国特色文化产业发展模式。

第一节　我国发展文化产业的比较优势

比较优势是产业发展的基础,是一国该产业在国际分工体系中地位的保证。根据在第二章中对文化产业性质的分析和第二、三篇阐明的分工理论和比较优势理论,我们从以下方面考察我国发展文化产业的比较优势。

一、文化资源

文化资源是文化产业发展的基础。一国文化资源的丰裕度直接构成了该国文化产业比较优势的组成部分。一般而言,文化资源是指具有文化特征和人类进步活动痕迹的具有人文和传统价值的一类资源,包括历史遗迹、民俗文化、地域文化、乡土风情、文学历史、民族音乐、宗教文化、资源风光等。我国是四大文明古国之一，拥有5000年历史的中华文明，古人为我们留下了囊括一切文化资源类型的丰富的文化资源，无论从数量还是质量方面都远远高于世界任何一个国家。仅以作为人们公认的文化资源的代表——世界遗产为例，我国自1985年参加《保护世界文化与自然遗产公约》以来，截至目前，共拥有世界遗产29处，其中，文化遗产21处、自然遗产4处、文化与自然双重遗产4处。仅次于西班牙和意大利，位居第三。但是，要明确这是由于我国加入时间过迟造成的，在目前我国有能力申报世界遗产的文化资源数量众多，准备下次申报世界遗产现在已经有50余家，假以时日，我国将必然成为世界遗产第一大国。文化资源要成为文化产业发展的比较优势，还需要被人们熟知，让人们喜爱，即对人们具有吸引力。据祁述裕主持的《中国文化产业国际竞争力报告》的调查，我国文化对外资的吸引力在与澳大利亚、巴西、加拿大、法国、德国、印度、意大利、日本、韩国、俄罗斯、新加坡、南非、英国和美国15个具有代表性的国家中居第5位。① 这说明我国的文化资源在国际市场上具有较强的市场号召力。因此，丰富的文化资源是

① 祁述裕：《中国文化产业国际竞争力报告》，社会科学文献出版社2004年版，第51页。

我国发展文化产业的比较优势。

二、资本供给能力

文化产业的实质在于文化的产业化,将无形的文化转变为有形的、具有竞争力的文化产品和文化服务,需要巨额资本的支撑。一部好莱坞大片的投资动辄几千万上亿美元。我国一台晚会的投资也在几百万以上,即使优秀的一台戏剧或舞剧也需要几十万,甚至上百万的资本投资。如果加上文化产品形成后的营销费用,则文化产业的投资更加可观。如果进一步考虑文化产业内部的国际竞争,在雄厚资本支撑下的美国文化产业对文化资源的高层次开发,将进一步提高文化产业对资本的需求。① 因此,单纯从要素角度看,文化产业显然属于资本密集型产业,对资本有强烈的需求。资本供给能力直接构成了影响文化产业发展的重要制约因素。在上节中,我们已经指出,我国工业化中期阶段的现实决定了资本短缺属于我国的常态,尤其在信息化的冲击下,工业化和信息化成为我国经济社会的主流,文化产业必然面临来自资本供给方面的挑战。但是,也正如上节所言,如果我们站在

① 这一点,在上节中已经涉及,即文化资源可以多次开发,但是每次开发的层次必须高于前次,才会有效益。美国等发达国家借助雄厚的资本对文化资源一旦开发,如果要进行再次开发需要投入比美国等发达国家更多的资本,才可能获得成功。因此,在此意义上讲,美国等发达国家事实上抬高了文化产业对资本的需求,提高了进入文化产业的门槛。

全球化的角度考虑,我国完全可以利用全球化突破文化产业的资本困境。这就对我国文化资源的吸引力、融资能力等提出要求。从目前看,我国悠久的、丰富的历史文化资源对外资具有较强的吸引力,祁述裕的调研显示:我国文化资源吸引力居第五位。而且,我国巨大的文化市场潜力和低廉的劳动力成本也成为外资进入我国文化产业的重要基础。我国自1993年以来,直接利用外资一直位居世界第二位,2003年成为第一位。90%的全球500强的跨国公司已经进入我国。居于500强的文化产业公司如索尼公司、维亚康姆、贝塔斯曼、新闻集团等已经登陆我国。这种状况决定了我国在资本供给潜力方面具有一定的比较优势。但是,由于我们文化产业领域的对外开放程度有限,资本供给的比较优势还处于潜在状态,没有发挥出来。随着我国相关政策的变化和对外开放程度的加大,资本供给比较优势将逐步释放出来,成为我国文化产业发展的一个重要比较优势。

三、人力资本

单纯从要素禀赋角度看,文化产业不属于劳动密集型产业,而属于高度的技术密集型产业,尤其是创意产业。因此它对人力资本的需求和要求都比较高,人力资本是文化产业竞争力的核心要素。特别是,由于文化产业跨越文化和经济两个领域,是经济文化化和文化经济化潮流的结合,作为文化产业核心竞争力的人力资本是复合型人力资本，即要既懂文化又懂经济。我国长期实行文化事业管理体制，对单纯文化人才的培育已经形成了一套相对独立的体系，我国有专门的文学、历史、艺术、考古、影视、表演、体育等学科和专业培养相关人才，并且在社会各个层面都建立了庞大的组织体系，如各级文联、作协、文化馆、各种表演院团和机构、各种文化事业单位等等。这些机构和组织都为我国文化产业的发展提供了重要的人力资本支持，我国灿烂的文化也正是由于这些人力资本作用的发挥而得到世界的关注。但是，我国事业化的管理体制为文化产业发展培育的人才主要属于文化人才或文化人力资本，这些人力资本由于长期从事文化的创作和发展，不关注市场需求，也不进行市场化、产业化开发经营活动，对市场不熟悉、不了解。文化产业重在产业化经营，我国文化产业发展迫切需要的经营管理人才由于事业体制的束缚而严重缺乏。另一方面，我国处于工业化中期阶段，工业化过程对经营管理人才的需求比较大，我国有限的经营管理人才还难以满足工业化的需要，很难使这些经营管理人力资本转移到文化产业中来，况且，即使这些人才愿意进入文化产业，还存在一个他们虽然熟悉产业化经营但不熟悉文化的缺陷。退一步讲，就我国现有的经营管理人才队伍而言，由于我国对外开放刚刚20多年，加入WTO刚刚4年，还没有实现与国际接轨，他们对于国际产业化运作还很不熟悉，对于发达国家的文化产业经营了解的更少。因此,文化产业经营管理人才,即文化产业人力资本是制约我国文化产业发展的一个重要因素。总体而言,我国在文化人力资本方面具有一定的比较优势,尤其在对文化人才方面具有比较优势,但是,我国在文化产业人力资本方面严重欠缺。

四、文化产业生产技术和生产方式

产业的发展需要技术的支持,文化产业属于技术密集型产业,其涉及的技术主要有文化展示技术、文化产品制造技术和文化传播技术。在精英、贵族文化时代,这些技术基本上是自发发展的,文化的展示、文化产品的制造和传播一定程度上都是手工完成的。随着工业革命和科技革命的爆发,社会分工逐步细化,出现了专门的文化部门,逐步形成了文化产业技术体系,进一步推动了文化产业的发展,文化产业作为技术密集型产业的特征逐步显现出来。如传媒技术最初的形态就是印刷术,现代工业动力技术进一步使印刷术趋于完善。印刷术不仅使文化可以记载,从而延长了其存在时间,而且,纸质媒体的出现使文化获得了物理传播途径。以广播为代表的电磁技术突破了文化传播的地理空间,大大拓展了文化传播的物理空间。以计算机为基础的网络技术突破了文化传播的物质空间,开创了文化传播的虚拟空间。这些现代化技术的采用,使文化产业开始借助现代经济与技术体系获得了发展的动力和工具,现代技术自身的发展规律在文化产业中开始体现,基于技术支撑的规模经济和集聚经济开始成为文化产业主要的生产方式和一地文化产业比较优势的重要组成部分。如美国的好莱坞、迪斯尼乐园,印度的"宝莱坞"以及中国香港地区都是凭借生产方式的规模经济和集聚经济而获得文化产业的比较优势的。

具体到我国而言,从工业化角度看,虽然一方面我国凭借劳动力成本比较优势,具备了"世界工厂"的雏形;另一方面,我国凭借后发优势,直接引进国外先进技术,促进本国制造业的发展和制造技术的发展,但是,由于我国正处于工业化中期阶段,我国拥有自主知识产权的技术很少,并没有形成自身独立的制造业技术体系,也就很难实现这些技术向文化产业领域的扩散。从与文化产业联系更为紧密的信息化及信息技术角度看,我国的信息化刚刚起步,在硬件的建设方面取得了较快的进展,网络化、电子政务、企业信息化等方面都取得了可喜的成绩,但是在软件的开发方面水平还比较低,尤其是对于与文化产业直接相关的文化展示技术、文化产品开发以及文化传播技术方面还比较落后。仅以网络游戏来看,尽管我国拥有非常巨大的网络游戏市场,也有世界规模最大的网络游戏运营商盛大公司,但是,我国却很少拥有自主知识产权的网络游戏,大多数网络游戏是进口的。这从一个侧面反映了我国在文化产业技术方面的严重缺乏。从生产方式看,我国文化产业基本还处于分散的布局状况,各自为政,规模较小,虽然近年来国家加大了文化产业基地建设,2004年11月公布了首批国家文化产业示范基地,逐步形成了以深圳布吉的大芬油画村、上海浦东的画家村为代表的画家村,以无锡影视城为代表的影视基地等一批文化产业基地,但是,这些基地都还刚刚起步,无论从规模、吸引力各方面都还难以形成比较优势。因此,总体而言,我国在文化产业生产技术和生产方式方面基本上没有比较优势。

五、需求

在产业发展的比较优势中,一地的需求往往构成本地产业比较优势的组成部分。因为,一方面,如果一地自身的需求量比较大,本地产业可以避免过早与外界产业进行竞争,稳步起步,有助于产业的培育;另一方面,如果本地需求在整个市场中的份额比较大,将会引导产业的发展方向,适合于本地市场的产品成为该产业的主流产品,本地产业借助熟悉当地消费习惯和市场的优势,获得在产业中的份额。对于文化产业的比较优势而言,以上两方面都具有特殊的意义,尤其是后者在一定程度上直接决定了我国发展文化产业的比较优势。文化产业属于创意产业,这种创意是基于人们的精神文化需求而进行的,人们对文化产品和服务的需求往往具有非常强的本国文化特色,[①] 如果本国文化需求在整个市场中的份额较大,那么需求会引导产业向具有本国文化特色的方向发展,本国文化产业就可以凭借文化获得比较优势。这里的关键在于本国的文化需求在国际文化产业中的份额和规模。对于我国的文化产业需求规模,据《2004 年:中国文化产业发展报告》的计算和统计,"我国城乡居民实际的文化消费 2002 年为 5300 亿元,2003 年为 5830 亿元,预计 2004 年将达到 6410 亿元,2005 年为 7050 亿元,2006 年为 7760 亿元,2020 年可能达到 29460 亿元。这仅仅是实际的文化消费,如果按照国际上根据恩格尔系数与文化消费的关系对文化消费潜力进行估算,目前我国人均 GDP 1000美元,恩格尔系数应该为 44%,文化需求应该占到个人消费的 18%,总量应该为 10900 亿元。2010 年达到人均GDP 1600美元,恩格尔系数应该为 33%,文化需求占个人消费的 20%,总量为 20100 亿元;2020 年达到人均 GDP 3000美元,恩格尔系数 30%,文化需求占个人消费比重 23%,总量为 42400 亿元。"[②] 正如在前文所讲,这个估算有点过于乐观。如果考虑到收入分配差距和去除教育在文化需求中的比重,我国的文化需求量会出现一定程

---

① 虽然本国居民对文化产品和服务的需求也包括对异域文化的猎奇,但是,这种猎奇的需求并不占主导,人们只是一时的需求,难以成为持久的文化需求。这是文化产品与其他产品消费作为典型的特征。

② 张晓明等:《2004 年:中国文化产业发展报告》,社会科学文献出版社 2004 年版,第 12 页。

度的缩水，但是，由此可以看出我国文化需求潜在优势将非常可观。这种文化需求状况将有助于我国文化产业比较优势的形成。可以这样讲，虽然目前来看，需求还不构成我国发展文化产业的比较优势，但是，需求必然是我国文化产业的潜在比较优势，随着文化体制改革的推进和经济的发展，这个潜在比较优势将成为现实比较优势。

概括起来，我国发展文化产业的现实比较优势主要在于文化资源优势，潜在的比较优势在于需求优势和资本供给优势，明显的比较劣势在于文化产业技术和人力资本。我国文化产业发展战略和路径的选择将发挥文化资源优势，实现潜在比较优势向现实比较优势的转化和克服比较劣势，作为战略的重点。

第二节 我国文化产业发展模式

比较优势是一国（地）产业发展模式的基础。正如在第三篇中所言，美国凭借自己的资本比较优势确立了资本主导型的发展模式，欧洲凭借文化资源优势走出了一个资源依托型的发展模式，缺乏资源和资本的韩国则利用产业政策引导，走出了产业政策推动型的发展模式。对于具有强文化资源比较优势、潜在需求和资本比较优势、技术和人力资本比较劣势的我国而言，应该充分利用工业化、信息化和全球化交织的机遇，依托文化资源比较优势,推动需求和资本供给潜在优势向现实优势的转变,克服技术和人力资本比较劣势,走出一条具有我国特色的新型文化产业发展模式。本节通过对文化产业的一般发展模式的分析,结合我国发展文化产业的比较优势,确立我国的文化产业发展模式。

一、文化产业发展一般模式

纵观国内外文化产业发展历程及其趋势,文化产业发展模式可以概括为以下类型。

1.资源依托型模式。即依托本地文化资源比较优势,对文化资源进行产业化经营的模式。这一模式是当前国内外发展文化产业的主体模式,其核心在于:以市场为导向,以文化资源为依托,以现代企业为主体,将成本收益、市场营销、资本运营、社会化生产等工业产品的生产经营手段,引入文化产品和服务的生产经营中,全方位、最大化开发和实现文化资源价值。它包括文化产品、资源的专业化经营和多元化经营两种经营方式。专业化经营是以细分的文化市场为导向,通过社会化生产和市场化运作手段对文化产品、资源进行重组,为目标顾客群提供专业化的文化产品和服务,深入挖掘、提升文化产品和资源的市场价值。其利润点在于专业化带来的规模经济和重组带来的结构效益。我国出版、传媒、广电等行业正在进行的建立现代企业制度和集团化改造,就是在走专业化经营的路子。多元化经营是以文化产品、资源之间的业务纽带、市场纽带、资本纽带为基础,通过资本运营手段重组、整合文化资源,为消费者提供全方位的文化产品和服务,深度开发、提升文化资源的市场价值。其利润点在于行业间的互补效益和资本运营效益。国际大型文化企业集团几乎都是通过这种模式成长壮大起来的。如美国的时代华纳集团就是通过资本运营,涉足出版、新闻、印刷、电影、电视、杂志、音乐、娱乐、广播等多个领域,成长为国际传媒大鳄的。该模式要求必须具有丰厚的文化资源作为依托,能够供给整个产业发展的需要。

2.核心产业带动模式。即以文化产业中的某个核心产业,主要是文化产品、资源的产业化经营带动相关产业发展。这一模式是以文化产品、资源的产业化经营为主导,通过产业联系和文化的外部效应,带动相关产业的发展,延伸文化产业链条,形成以文化为基础的产业群,实现文化与经济一体化发展。它有三种方式:(1)文化产品、资源的产业化经营通过产业联系带动相关产业发展,延伸文化产业链条。如文化旅游业就是文化资源产业化经营带动交通运输、餐饮、宾馆等产业发展而成长起来的。(2)文化产业的发展改善了地区、城市形象和投资环境,促进地区经济发展。如我国的阜新市原来是一个高污染的重型工业城市,近年来通过大力发展文化产业,改变了城市形象和投资环境,吸引了大量外部投资者,促进了产业结构调整和当地经济发展。英国的曼城原来是一个重工业城市,随着资源的枯竭,适时转型,发展体育产业,建立了以曼城足球俱乐部为代表的体育产业,带动了曼城的产业转型,促进了曼城的可持续发展。(3)文化品牌带动其他产业发展。它事实上是文化品牌的拓展化经营,要求首先要在文化产业内部培育出有市场号召力的文化品牌,然后将此品牌扩展到其他产业中,最大化实现品牌价值。如美国的迪斯尼原来是一个玩具品牌,但是其将此品牌拓展到了出版、音像、影视、旅游、服装、儿童用品等领域,形成了一个以迪斯尼为核心的庞大的产业链条和产业群体。我国的天仙宝宝本来是一个动画游戏品牌,但将此品牌扩展到服装业,生产出天仙宝宝系列服饰,就是实现了产业化经营,提高了品牌价值。此模式要求必须有一个核心的文化产业或者强势文化品牌,且该产业具有较强的产业关联度和产业成长潜力,能够带动相关产业的发展。

3.相关产业带动模式。即通过其他非文化产业的发展,拓展文化产业发展空间,带动文化产业发展。这种模式是以经济与文化的联系为基础,以产业联系为纽带,通过其他产业发展,拓展文化产业发展空间,带动文化产业发展。它包括两种类型:一种是其他产业发展为文化产业提供了新的发展空间;另一种是挖掘、整理、抽象经济发展的文化内涵,进而对此文化内涵进行产业化经营。前者主要是利用产业间的联系,在其他产业发展的同时拓展了文化产业发展空间。如作为文化产业新军的网络娱乐业,就是网络业的发展为文化传播提供了新的载体,将文化产业发展空间拓展到虚拟空间而诞生的。后者实质上是注意力经济的产业化运作,一般先由经济现象或者产业发展引起人们的关注,然后挖掘其文化内涵,对此文化内涵进行产业化运营。如南街村文化产业的发展,就是首先由南街村经济发展引起人们的关注,然后从中挖掘出"共产主义新社区"的文化内涵,以此文化内涵为基础,进行产业化运作,培育出"南街村"文化品牌发展起来的。此模式对经济发展水平提出较高要求,要求与文化产业相关行业的发展水平能够带动文化产业的发展,或者该产业和地区的文化内涵具有较高的市场号召力,具有产业化的潜力。

4.需求导向模式。即根据本地文化需求,通过提供适合于本地消费者的文化产品和服务,发展文化产业。这种模式直接针对本地市场需求,根据需求决定文化产业的发展方向,确定重点发展的产业类型,可以完全脱离本地文化资源,采取引进的方式,也可以将本地文化资源与需求结合进行。它包括以下类型:一种是本地需求和本地文化资源结合型。根据本地居民的文化需求,挖掘和整合本地文化资源,提供文化产品和服务,逐步形成具有本地特色的文化产业。如东北的"二人转",就是根据东北,尤其是农村的文化需求,挖掘东北这一民间艺术

“二人转”,并大胆进行产业化开发,借助赵本山等人的品牌优势,形成了独特的演出产业。还有多数休闲娱乐产业都是基于本地城市居民的休闲文化需求,根据本地一定的文化资源和自然风光开发出来的。第二种是脱离本地文化资源,直接根据本地文化需求,从外地直接引进文化产品和服务,形成本地需求导向型的文化产业。如上海市随着经济发展,人均 GDP 已经达到中等发达国家水平,本地兴起了对高雅艺术的巨大需求,但是,上海市自身能够向居民提供的高雅艺术产品和服务非常有限,他们采取引进方式将国际上具有很高声望的交响乐团等请到上海演出,并举行了上海国际艺术节,建设了上海国际大剧院专门从事高雅艺术的演出,从而形成了以高雅艺术为特色的演出产业。此种模式对本地文化需求提出较高要求,要求需求量必须能够达到一定程度,能够满足该产业的需要,最起码要求能够保证此产业能够顺利起步,达到一定规模和水平。因此,此模式往往适用于规模较大的地区和城市。

5.外向型模式。即将文化产业的发展定位于向本地以外的文化市场,面向区域以外的文化产品和服务消费者的发展模式。该模式立足点比较高,直接面向区域外市场,根据区域外市场需求特点和层次,提供文化产品和服务。它包括以下类型:一种是本地具有可以满足区域外文化市场需求的文化资源,通过根据区域外需求的特点和要求进行产业化开发,吸引区域外消费者到本地消费,或者走出去,将文化产品和服务直接供给区域外消费者。如我国文化旅游资源的开发形成的文化旅游业,就是通过对我国华夏文明的展示和产业化开发,吸引国外游客到我国欣赏、品味和体验华夏文明。我国实施的文化走出去战略,如到国外办展览、演出等就是将文化产品和服务直接提供到国外消费者面前,供其消费。另一种是本地具有向区域外文化消费者提供文化产品和服务的核心能力,依托这种能力生产文化产品和服务供给区域外消费者。如我国手工艺品产业的发展就是依托我国手工艺品的生产能力,生产出来后出口到国外,满足国外消费者对我国文化的消费需求。还有如我国确立的各种文化产品生产基地,都是将目标市场定位于区域外市场,直接根据区域外市场的需求变化,进行设计生产。美国的好莱坞就是定位于全球市场,向全球提供电影。此种模式往往要求该区域具有提供文化产品和服务的某种核心能力,要么具有文化资源优势,要么具有制造技术优势。

6.供给引导型模式。即通过强有力的强制供给,引导文化需求走向,培育相关产业发展。该模式抓住了文化产业的典型特征——需求的可引导性,[①] 强调供给在

① 与一般商品比较,文化需求和消费具有较强的可引导性,这是由于文化是一种无形的符号、意识或者观念,人们对文化的消费和需求往往受周边环境的影响较强,即具有较强的时尚性,因此,通过“控制”时尚可以引导大家对文化的消费和需求。

产业发育中的作用,通过供给引导需求,培育产业。它包括以下类型:一种是政府的强制供给型。即政府通过对舆论导向的控制,强制性的供给符合本国意识形态的文化产品和服务,并对相关行业给予补贴,促进这一产业的发展。如我国的主旋律影视产业就是根据国家弘扬主旋律的要求,利用国家政策强制性的供给主旋律影视节目和文化产品,并给予经费补贴,促进了该产业的发展。另一种是市场强制供给型。即企业根据文化市场需求走势,在本地居民的文化需求还没有达到该消费层次,或者为了引导居民的文化需求,培育当地居民的文化消费习惯和文化市场,而强制性地在本地供给某种文化产品和服务,带动当地文化产业的发展。如我国引进国外高雅艺术节目和各地企业主办各种演出活动就是这种类型。此种模式对供给的水平提出较高要求,虽然是供给主导,但供给要考虑到市场的接受程度,要考虑到以市场方式进行供给。

二、确立我国文化产业发展模式需要考虑的因素

确立我国文化产业发展模式,要综合考虑我国的具体情况,尤其是我国发展文化产业的比较优势,以及各种模式的要求和缺陷。

1.我国发展文化产业的比较优势。在前文的分析中,我们通过利用比较优势理论对我国发展文化产业的比较优势和劣势进行了分析,得出我国发展文化产业的

现实比较优势主要在于文化资源优势,潜在的比较优势在于需求优势和资本供给优势,明显的比较劣势在于文化产业技术和人力资本。确立具体的发展模式就是要充分发挥现实比较优势,挖掘和开发潜在比较优势,克服比较劣势。这就决定了我国文化产业模式必然以文化资源的开发为现实的切入点,充分利用加入 WTO 带来的机遇,改革文化体制,鼓励资本进入文化产业,引进和开发文化产业技术,培育文化产业人才,克服技术和人才瓶颈,将潜在的资本优势和需求优势转变为现实的比较优势和产业发展优势。

2.现有各种模式的特点。前文介绍了一般的文化产业模式,每种模式都有其适用的条件和自身的缺陷。资源依托模式要求具有丰厚的文化资源作为依托,能够供给整个产业发展的需要。核心产业带动模式要求必须有一个核心的文化产业或者强势文化品牌,且该产业具有较强的产业关联度和产业成长潜力,能够带动相关产业的发展。相关产业带动模式要求与文化产业相关行业的发展水平能够带动文化产业的发展,或者该产业和地区的文化内涵具有较高的市场号召力,具有产业化的潜力。需求导向模式对本地文化需求提出较高要求,要求需求量必须能够达到一定程度,能够满足该产业的需要。外向型模式往往要求该区域具有提供文化产品和服务的某种核心能力,要么具有文化资源优势,要么具有制造技术优势。供给主导型模式则对文化产品和服务的供给水平和能力提出较高要求。这些模式的特点同时也就是其缺陷,从而决定了该模式的适用范围。如资源依托模式只适用于文化资源特别丰富的地区,核心产业带动模式适用于已经具有某种强势文化产业行业的地区,相关产业带动模式和需求导向模式往往适用于经济发达地区,外向型模式和供给型模式则适用于具备强大的文化产品和服务生产能力的地区。确立我国文化产业发展模式绝对不能简单套用某种模式,而必须根据我国的实际进行综合分析。

3.我国文化产业发展状况及趋势。我国地域广阔,经济发展水平极不平衡,上海、广东、江苏等地人均 GDP 已经达到中等发达国家水平,而许多地区还刚刚解决温饱。单纯就文化产业发展而言,发展水平也极不平衡。大中型城市文化产业有一定基础,特别是北京、上海等中心城市文化产业已经起步,农村文化产业还处于启蒙阶段。有的经济发达地区文化产业还没有起步,有的经济欠发达地区反而形成了具有地方特色的,有一定规模的文化产业。但是,从总体发展趋势看,随着文化产业在我国合法地位的确立,文化产业作为 21 世纪朝阳产业和支柱产业的势头已经被广泛接受,全国发展文化产业的热潮正在形成,伴随着我国全面建设小康社会进程的加快,我国文化产业将呈现出良好势头。因此,制定我国文化产业发展模式必须紧密结合我国文化产业的不平衡性，既要考虑到经济发达地区和文化产业已经具有一定基础地区的文化产业发展，还要考虑到经济欠发达地区和文化产业落后地区的发展；既要把握文化产业的总体发展趋势，发展模式要具有前瞻性，还要考虑到我国文化产业发展的渐进性，确立模式实施的具体步骤；既要考虑到经济发展对文化产业的强大带动作用，还要考虑到文化产业的独立发展。

4.文化产业自身的多层次性。正如我们在第一篇中所言，文化产业是一个边界相对模糊，具有较强扩展性，包括范围又比较广阔的一个产业。即文化产业内部行业具有较强的层次性，既有处于核心地位的音乐、舞蹈、戏剧、文学、视觉艺术、工艺等创造性艺术产业，还有处于核心周围的电影、电视、广播、报刊和书籍，处于最边缘的建筑、广告、观光等。确立我国文化产业的发展模式，不可能是这些产业的同时发展和全面发展，而是要根据我国的实际确立哪些产业应该优先发展，哪些产业应该获得政策支持，哪些产业属于重点行业等。

三、我国文化产业发展模式

根据对以上因素的综合分析，我国文化产业发展模式可以确立为：以文化资源为依托的需求导向型模式。该模式可以用下图表示：

由下图可以看出该模式的特点和内容：

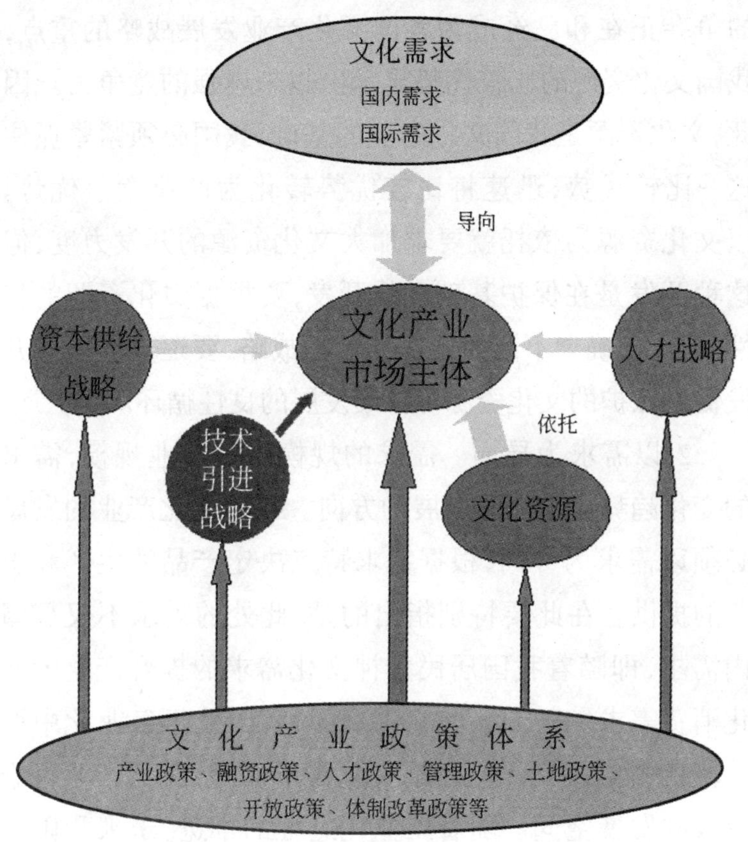

图 10—1　以资源为依托的需求导向型模式图

1.以文化资源为依托。资源是产业发展的基础,我国文化产业的发展必须发挥我国在文化资源方面的比较优势,这一比较优势是我国当前在国际文化产业分工体系中的位置决定的,而且从国际文化产业发展趋势看,文化产业发展的瓶颈越来越集中在内容方面,对文化资源的争夺正在和已经成为各国文化产业发展战略的重点，我国文化资源的比较优势显示出越来越强的竞争力。因此，文化资源是我国文化产业的基础，我国必须紧紧抓住这一比较优势，迅速将比较优势转化为产业竞争优势。以文化资源为依托就要求加大文化资源的开发力度，但这种开发是在保护基础上的开发，要根据文化资源的特性和分类，确立不同的开发和保护战略，要逐步形成以开发促进保护的文化资源可持续发展的良性循环。

2.以需求为导向。需求的规模决定产业规模，需求的变化趋势决定产业发展的方向。我国文化产业的发展必须以需求为导向，根据需求特点决定产品的生产和服务的提供。在此要特别指出的是，此处的需求不仅是国内需求，即随着我国居民精神文化需求的提升产生的文化消费需求。正如在前文讲到的，我国处于工业化中期阶段的特点决定了就目前文化需求而言，文化产业很难有大的发展空间。随着工业化进程的推进，未来我国国内文化需求有非常可观的规模，这是我们确立需求导向模式的一个基本立足点。但是，更重要的是，我国文化产业的发展必须面向国际，面向全球，即要以全球的文化需求，尤其是发达国家的文化需求为导向，走国际化道路，这才是我国文化产业发展的根本出路。因此，此处的需求导向型发展模式事实上是前文提到的需求导向型和外向型发展模式的综合。在此还需要指出的是，确立需求导向而没有确立供给主导主要是基于以下考虑:我国文化产业刚刚起步,产业化水平还比较低,无论是政府还是企业的文化产品和服务的供给能力非常有限,在文化需求还处于启蒙阶段的情况下,弱供给能力不但难以引导产业发展,而且容易造成消费者对文化服务的抵制,从而遏制文化需求。

3.技术引进战略。技术是产业发展的支撑和核心要素。由于我国文化产业技术起步晚,水平较低,是我国文化产业发展的软肋,也是发展文化产业必须解决的技术瓶颈。一般而言,技术瓶颈的解决主要有自主开发和引进两种途径。文化产业技术水平的提高与我国的国家技术水平和体系紧密联系,其技术支撑主要来源于其他领域的技术水平,尤其是信息技术和制造技术的发展水平。在此方面,我国已经有了一定的拥有自主知识产权的技术,但整体水平还比较低,仍然在很大程度上依赖引进。如果考虑到文化产业的特殊性,这些技术向文化产业技术的转变还需要比较漫长的过程。因此,依靠自主开发在中短期之内难以满足我国文化产业发展的需要,其发展必须首先采取技术引进战略,大量引进国际文化产业先进技术,为我国文化产业发展提供技术支持。同时,确立技术引进战略还与我们对文化产业性质的理解。发展文化产业必须拥有一批拥有自主知识产权的文化产品,但是,文化产业是一个创意产业,其重在创意、在人力资本,技术是将这种创意转化为产品和服务的工具和手段。文化产品和服务的知识产权更重在创意内容方面,而不在于其物质载体。如版权作为文化产业中的核心知识产权,它是指书籍、音像制品、影视作品等的创作权,而不是这些文化产品本身。采用技术引进战略不会对我国文化产品的知识产权造成过强的影响。

4.人才培养战略。人才是产业发展的基本要素,降低产业发展的主导要素是培育产业的有效途径。文化产业的创意产业属性决定了其主导生产要素无疑是高层次的人才,因此,如何有效地提供文化产业人才,降低人才供给成本,是尽快实现我国文化资源优势向文化产业比较优势转变的关键。提供文化产业发展所需要的人才主要有引进和自我培养两条途径。由于文化产业对文化的强依赖性,国外文化产业人才对我国中华民族文化存在较长的认识和理解过程,单纯依靠大量引进国外人才,很难满足我国文化产业发展的需要。但是,针对文化人才资源比较丰富、文化产业人才缺乏的现状,我国可以将文化产业技术人才引进作为引进人才的重点。同时,出于人才对文化产业发展的特殊重要性和文化产业的意识形态性,过度的依赖国外人才会影响到我国文化产业的健康发展,因此,在此我们将我国文化产业人才供给战略确立为自我培养。一方面要根据文化产业的跨学科、前沿性的特点改革和完善现有的学科体系,将文化产业学科纳入到学科建设中来,利用我国庞大的教育体系培养文化产业专业人才。在此要特别强调的是,利用教育体系培养文化产业人才要将职业技能的培养作为重心,要根据文化产业发展的需要设置课程和专业,真正培养出能够学以致用的实用性人才。如我国信息文化产业的快速发展对内容提供提出了全新的要求,短信编辑人员和动漫制作人才成为近年较为短缺的人才,这就要求在职业教育中设置这样的专业和课程等等。另一方面,由于教育体系有其自身的运作规律,如强调学科建设的稳定性、长期性等,不可能根据市场变化快速进行调整,即使调整也存在较长的时间滞后期。因此,教育体系对文化产业人才的培养应该重在基本素质。能够根据市场需求变化作出及时调整,能够实现与市场全面对接的不是教育,而是培训。因此,文化产业人才的培养应该高度重视培训的作用,将培训作为短期培养我国文化产业专业人才的主渠道。因此,文化产业人才培养战略事实上包括教育培养战略和培训战略两部分内容,教育侧重长期人才的培育,培训侧重短期人才的培养;教育侧重人才的素质,培训侧重人才的技能。

5.资本供给战略。资本是产业的血液,文化产业要将创意转变为现实的文化产品和服务,需要巨额资本支持,尤其是在发达国家巨额资本带动下的文化产品和服务的开发,已经将文化产业的开发水平提高到较高的水平，形成了资本密集型的文化产业技术和设备，这就使我国要进行文化资源开发，发展文化产业就必须采用这些技术，购买这些设备，大大提高了文化产品和服务的开发成本，提出了对资本的巨额需求。如上文分析，我国工业化的生产力发展现实和全面的对外开放，使我国具有了资本供给的潜在比较优势，但是这种比较优势主要集中在工业领域，资本供给比较优势向文化产业的转移，在很大程度上受制于我国文化产业领域的开放步伐。而由于文化产业的精神和经济属性决定了文化产业领域的对外开放程度必然小于其他经济领域，所以我国文化产业的发展不可以过度依赖国外资本，即我国吸引外资的比较优势很难在文化产业领域实现。这就需要我国制定和实施自身的文化产业资本供给战略。一方面要积极鼓励我国非公有制资本进入文化产业，利用产业结构调整的契机，鼓励传统行业资本进入文化产业，构筑文化产业和其他产业的联系桥梁。另一方面要充分利用现有的各种资本工具筹集资本，如利用资本市场融资，在我国资本市场甚至国外资本市场上市。所有这些都需要我国进行文化体制改革，尤其是投融资体制改革，加强文化企业的培育，改革事业体制，创新机制，加强文化产业市场主体的培育。

6.市场主体培育战略。市场主体是产业的微观组织，主体的活力是产业活力的直接表现。随着人民生活水平的提高,人们的文化需求开始释放,文化市场也逐步启动和形成,虽然经过20世纪八九十年代的“以文养文”、“多业助文”也培育出一些文化企业,但是,我国长期实行的文化事业管理体制和对文化领域开发程度不足,导致文化产业存在比较严重的主体缺位现象,文化产业核心领域如出版、新闻、影视等,基本上以文化事业单位为主。另一方面,无论是文化资源的开发、资本、技术、人才等要素都需要由市场主体来进行配置,缺乏市场主体的文化产业不能够称为真正的产业。因此,市场主体的培育战略在我国文化产业发展战略中处于核心地位。培育文化产业市场主体就是要通过系列政策促进市场在文化产业发展中发挥基础性作用,要允许和鼓励民间资本进入文化产业,要对文化产业的监管体制进行改革,要对文化产业市场主体给予政策支持和鼓励,要改革文化事业管理体制,要帮助和支持鼓励现有文化事业单位尽快改制为符合社会主义市场经济要求的新型市场主体。

7.文化产业政策支持体系。政策是产业发展的催化剂和推动器,国家政策的作用不仅在为产业发展提供一个宽松的政策环境,而且可以直接推动产业的发育和发展。在传统的文化事业管理体制约束下,我国文化产业的发展必须通过强有力的政策进行推动。正如我们在前文模式图中所示,市场主体的培育、技术的引进、人才的培养、资本的供给、产业的发展、文化资源的开发等都需要政策的支持，从而形成一个相互支撑、相互促进、系统化的政策体系。这一政策体系包括文化产业产业政策、文化产业融资政策、文化产业对外开放政策、文化产业园区政策、文化产业土地政策、文化产业体制改革政策、文化产业人才政策、文化产业资产管理政策和文化产业技术引进政策等等。

第三节 促进我国文化产业发展的政策体系

在文化产业的国际分工背景下，我国处于工业化、信息化和全球化三重压力之下的实际和发展文化产业的比较优势，决定了我国必须走以文化资源为依托的需求导向型发展模式。这一模式正是我国区别于发达国家的新型文化产业发展道路的精髓所在。但是，在我国目前的条件下，这一模式的具体实施则需要强有力的政策支持。本节将提出支撑这一模式的具体政策。

一、将文化产业纳入国家发展战略规划之中，并逐步使之成为国家发展战略的重要组成部分

虽然，我国2000年中共中央在关于国家“十五”规划的建议中，首次提出要“推动文化产业的发展”。2002年的《政府工作报告》把“大力发展文化产业”确立为解决我国经济发展的结构性矛盾和体制性障碍的重要政策措施，对文化产业在国民经济发展中的地位进行了功能性战略

定位。2002年党的十六大报告,从“全面建设小康社会,开创有中国特色社会主义新局面”的战略目标出发,进一步明确要“支持文化产业的发展”,“全面提高我国文化产业的整体实力和综合竞争力”,把积极发展文化产业作为“市场经济条件下繁荣社会主义文化、满足人民群众精神文化需求的重要途径”。2003年召开的十六届三中全会进一步提出文化产业微观组织——经营性文化企业的改革目标、文化体制改革的目标和文化产业政策的方向。四年中,国家对文化产业的要求一年一个新台阶,一步比一步明确,这一切表明文化产业在我国的合法化过程已经结束,这一切充分体现了国家发展文化产业的坚定决心和信心。但是,党中央对文化产业的这些宏观政策还没有转化为具体的支持政策,还没有真正转变为国家行动,尤其是文化产业还没有真正进入国家发展战略。因此,大力发展文化产业需要在国家战略层面确立文化产业的地位,需要对文化产业的发展在国家战略规划中给予明确的规划。

二、以分类指导为原则,尽快启动文化体制改革,解放和发展文化生产力

由于我国长期实行文化事业体制,文化产业刚刚完成了其合法化过程,传统的文化体制成为直接制约我国文化产业发展、制约文化生产力的最大障碍,文化体制改革成为促进我国文化产业发展的首要任务。我国于2003

年启动了全国范围的文化体制改革试点工作，希望通过试点积累文化体制改革的经验，但是由于种种原因，原定于2004年年底结束的试点工作，延长到2005年。延长试点是为了更好地探索文化体制改革的经验，是国家对文化体制改革高度重视的表现。事实上，文化体制改革的难点在于对文化双重属性的认识，尽管十六大已经明确了文化事业和文化产业的并列关系，但是人们对二者的划分存在较大争议，尤其是对文化产业的精神属性认识存在更大的争议。事实上，对于文化体制改革的争议与我国在上世纪八九十年代对国有企业改革的争议是非常相似的。国有企业改革经过十多年的探索，最终确立了分类指导的整体改革思路。分类指导这一宝贵的改革经验，完全可以借鉴到文化体制改革。分类指导原则在文化体制改革中的运用应该以文化产品和服务的产权属性为分类的基本原则。不仅要明确文化事业和文化产业的界线，还要在文化事业和文化产业内部继续坚持分类指导原则。对于产权属性已经转化为纯粹经济产品的文化产品和服务，应该尽快改革为文化产业体制；对于产权属性仍然是公共产品的文化产品和服务，仍然实行事业体制；对于介于公共产品和私人产品之间的“准公共产品”的文化产品和服务，要持谨慎态度，不可以马上给予其文化事业还是文化产业的直接界定，而是要给予其选择的空间。即使对于文化事业中部分，虽然总体上实行事业体制,但是在机制的创建上要积极探索产业机制。对于属于文化产业部分也不是只追求经济效益,而是要根据文化产品的特性,注重社会效益的发挥。

三、正确认识文化的双重属性,出台鼓励非公有制文化产业发展的具体政策

非公有制经济作为我国社会主义市场经济的重要组成部分已经得到党中央的高度重视,尤其在加入 WTO 之后,我国各个领域的对外开放已经全面展开,从入世三年的情况看,我国按照世界贸易组织的规定和入世的协议,对各个领域开放,允许外资进入相关领域。尽管在入世协议中有明确的文化例外条款,但是,入世协议对文化产业领域的对外开放也有明确的时间表。时间表明确规定了我国开放出版业、影视业、新闻传播业、文化产品和服务制造业、零售业等领域的开放时间。在入世和文化产业发展的压力下,我国制定了鼓励非公有制资本进入文化产业的指导性意见,指导意见鼓励不仅外资而且还包括我国民营资本进入文化产业。但是,就目前的情况看,总体性的原则已经出台,具体的操作政策还严重缺乏。主要的原因在于我国对文化的双重属性认识还严重滞后于文化产业的发展,尤其是对文化产业的产业属性认识不够,对文化属性强调有加。这种状况导致一方面具体政策制定部门限于现有文化政策和体制的束缚,难以出台鼓励非公有制经济进入文化产业的具体政策;另一方

面由于国家对文化领域的严格控制，民营资本不清楚哪些领域允许民营资本进入，它们难以和不愿承担由此带来的政策风险，所以不愿意进入文化产业。针对这种状况，我国首先应该树立科学的文化产业发展观，明确文化产业的双重属性，明确社会主义市场经济下文化产业的产业属性与文化属性的良性互动关系，即产业属性是以文化属性为基础，在市场经济条件下实现文化属性的重要手段；文化产业的经济效益是实现社会效益的重要途径；文化产业是市场经济下传播先进文化的重要力量，是先进文化的“助推器”。只有以科学的文化产业发展观指导文化产业的发展，才可能正确认识非公有制文化产业在我国的意义和作用，才可能促进非公有制文化产业的发展，才可能制定和出台促进非公有制文化产业发展的政策。其次，我国要尽快启动文化管理体制改革，探索社会主义市场经济条件下新型的文化管理体制。再次，我国要在文化产业领域实施全方位、多层次、多形式的对非公有制经济开放政策，针对文化产业的双重属性，明确区分哪些领域属于非公有制经济不宜进入的领域，哪些领域属于非公有制经济可以进入的领域，哪些是积极鼓励非公有制经济进入的领域，哪些是限制非公有制经济进入的领域。最后，我国要尽快出台鼓励非公有制经济进入文化产业的具体实施办法和政策。在明确非公有制经济进入文化产业领域的前提下，出台非公有制经济进入文化产业指导目录,明确鼓励非公有制经济进入文化产业的具体支持性政策。在此的原则应该是给予非公有制经济国民待遇,外资可以享受的政策,国内民营资本首先要优先享受。同时要注重多项政策的相互支持和配套,要注重新政策和旧政策的衔接。

四、制定文化产业主体培育政策

产业主体是产业发展的基础,产业主体培育是培育新兴产业的关键所在。正如前文所述,由于长期实行文化事业管理体制,文化产业在我国几乎不存在,也就几乎没有合格的产业主体。20世纪80年代开始,我国实行的"以文补文"、"多业助文"政策虽然意在缓解文化事业单位经费紧张的状况,但事实上却在文化事业体制内部打开了一个缺口,直接催生了我国最初的产业主体。随着文化产业在我国合法性地位的确立,合理化过程的起步,标志着我国进入文化产业主体培育的关键时期。培育文化产业主体首先要改革现有的文化事业体制,通过实施以分类改革为指导的文化体制改革,将文化产品和服务已经转变为私人产品的单位改革为企业体制,并逐步使其转变为真正的产业主体。其次,以市场、业务、资本、产权为纽带,运用市场化手段,整合现有文化资源,对现有文化单位进行重组,组建具有竞争力的文化企业。再次,以建立现代企业制度为目标,以公司制为主要组织形式,通过公司化改造,将现有的文化企业改制为现代文化企业。第四,通过降低进入文化产业的门槛,鼓励各类资本以各种灵活的形式进入文化产业,组建各种类型的、多层次的文化企业。第五,大力推进文化产业中介组织成长进程。

五、制定鼓励我国文化产业"走出去"的具体政策

根据前文对我国文化产业发展战略的研究,我国文化产业发展的主导性战略为文化资源依托的需求导向型战略。需求导向型的要义在于要面向国际市场的文化需求,这就要求我国必须配套出台鼓励文化产业"走出去"的政策。从目前来看,我国已经开始有计划有步骤的实施文化走出去战略,如已经出台了扶持影像制品走出去的政策、扶持演艺业走出去的政策等,但是,整体而言,我国在实施文化走出去战略的政策支持方面力度不够,不够全面,具体政策仍然亟待强化。具体而言,首先,我国应该在战略高度确立文化产业走出去战略,并将其确立为文化产业发展的基本战略。其次,要加强对外文化交流,通过举办如已经举办的"中法文化年"、"中巴文化年"等,扩大我国文化在国际上的影响力,拓展文化产业的国际市场,并积极向国际市场推广我国优秀的文化企业、文化产品。第三,充分利用驻外机构,为我国文化产业走出去收集有关信息、推广我国文化产品。第四,出台鼓励我国文化产业走出去的税收政策、投资政策、汇率政策、出口政策、知识产权政策等政策。第五,通过多种途径扶持

我国文化产业出口基地建设。

六、制定文化产业发展的产业政策

产业政策是市场经济中规范、促进产业发展的主要政策。我国虽然已经在逐步将文化产业纳入国家整体发展战略,并出台了一些相关扶持政策,但是,始终没有一个相对规范的文化产业产业政策,即在我国的产业政策体系中几乎没有文化产业的位置,文化产业还没有被纳入到国家产业政策体系之中。实施以文化资源为依托的需求导向型的文化产业发展战略,强烈要求建立我国文化产业发展的产业政策体系。具体而言,技术方面我们应该确立自主开发和大力引进相结合的方针,尤其是对文化产品制造技术、传播技术和展示技术方面要加大投入自主开发,同时要有针对性地引进适用于我国文化产业的相关技术,尽快实现与国际接轨,为我国文化产业走向世界提供技术支持。投融资政策方面,我国要尽快出台相关优惠政策鼓励民营资本、社会资本投资文化产业,改变国家单一投资结构;要积极利用我国文化资源优势和市场潜力优势,鼓励相关企业到海内外资本市场上市融资;尽快改革文化产业投融资体制,建立新型的文化产业投融资体制、文化资本管理体制;通过多种方式建立文化产业发展基金及其制度,扶持相关企业发展。财税政策方面,由于我国长期实施文化事业管理体制,大多数文化单位并不缴纳所得税或者享受退税等种种税收优惠政策，在大力发展文化产业的背景下，应该出台政策明确文化单位原来享受的优惠政策继续享受，不受改革的影响，并进一步出台优惠政策，鼓励文化产业发展；国家加大对文化基础设施建设的投资，加大对优秀文化的扶持力度，促进先进文化的发展，为文化产业发展奠定内容基础、基础设施基础。文化产业基地和园区建设方面，要出台政策鼓励各地建设具有特色的文化产业园区、文化产业基地，促进文化产业规模经济与集聚经济效应的发挥。文化产业结构调整方面，要设立文化产业产业结构调整基金，引导我国文化产业产业结构升级，促进现代文化产业的发展。

七、实施文化产业人才培养工程，将我国的劳动力比较优势转化为文化产业发展的比较优势

劳动力成本低是我国经济发展的主要比较优势所在，也正是这一优势使我国逐步具备了“世界工厂”的雏形。劳动力的这一比较优势同样是我国文化产业发展的重要比较优势，但是由于文化产业的知识性、创意性等特点，它对劳动力的要求较高，再加上文化产业人才的文化和经济双重要求，从而使我国的劳动力比较优势在文化产业发展中很难体现出来。这就需要实施文化产业人才培养工程，通过多层次、多方式的培训、教育首先为我国文化产业培养出需要的人才。这时，由于我国劳动力的报酬水平远远低于西方国家，从而可以将劳动力比较优

势直接转化为产业发展的比较优势。具体而言,文化产业人才培养工程可以从以下方面着手:首先,我国应该在现有教育体系中设立文化产业及其相关专业,利用现有教育体系培养文化产业人才。我国教育体系中已经拥有一批电影学院、美术学院、音乐学院、广播电视学院等专业性院校,这些院校是我国文化产业人才的重要培养基地,应加大对这些院校的扶持力度,加强这些院校专业的课程改革,强化产业经营管理能力的培养。单纯就以文化产业命名的专业而言,我国已经在本科专业中批准了山东大学、云南大学、中国海洋大学等四所院校设立了文化产业专业,在此基础上,应该根据我国文化产业发展的需要扩大规模。在硕士研究生层次,我国还没有文化产业专业,许多院校采取了在现有学科体系下将相关专业拓展到文化产业的做法,即在历史、经济、管理、艺术等现有专业中设立文化产业研究方向。这种尝试应该得到积极鼓励,在适当时期设立文化产业硕士专业。在此要特别指出的是,要充分利用 MBA 教育制度的优势,在 MBA 教育中设立文化产业经营管理研究方向,直接将工商管理人员培养成为文化产业的经营人才,为文化产业提供职业经理。其次,要充分利用现有的各种文化产业行业优势,通过各种形式的专业培训,培养文化产业专业技术人才。根据文化产业经营管理的流程和文化产业内部行业的特点,进行各种形式的专业技术培训。如对制片人、经纪人、导演、摄像等的专业培训就是这种类型。

八、出台鼓励文化产业与工业化、信息化协调发展的政策

正如前文所言,工业化和信息化是我国当前经济发展的两大主旋律,文化产业的发展必须实现与二者的协调。这就需要国家出台政策进行引导。首先要大力发展信息文化产业,将其作为我国文化产业的支柱产业打造。信息文化产业是信息化和文化产业的直接结合,也是二者发展的必然要求,大力发展信息文化产业可以促进二者的协调发展。其次,要鼓励大胆使用信息化为文化产业带来的全新的展示技术、传播技术和制造技术改造,强化传统文化产业的发展,提高其竞争力。再次,要鼓励运用工业化的成果和手段发展文化产业,促进文化的产业化经营。最后,要鼓励向工业化中注入文化内涵,提高工业品的文化内涵和品位,提高工业化的水平和档次,推动经济文化化进程,最终实现工业化和文化产业的协调发展。

九、制定文化资源保护和开发政策

文化资源是我国文化产业发展战略的根本,大力发展文化产业必然要开发文化资源。但是,并非所有的文化资源都可以采用产业化开发的方式,过度的产业化开发会大大侵害文化资源的文化价值。我国在当前许多地方就已经出现了不同程度的对文化资源的过度开发、破

坏文化资源的现象。这就需要制定文化资源保护和开发政策。首先国家要建立文化资源评估制度。通过建立文化资源评估指标体系,对拟开发的文化资源进行评估,将文化资源分为保护型、开发型、保护开发型和开发保护型四种类型,只有评估合格的文化资源才可以立项开发,将评估结果直接作为立项的主要依据。其次,要进行文化资源开发规划,防止和杜绝无节制的过度的开发现象。再次,建立文化资源保护制度。可以学习国际上的世界文化遗产制度,建立我国的文化资源保护制度,对不同文化资源设立不同的保护等级,并加大对文化资源的抢救、保护的投资力度。

十、文化市场培育和规范政策

文化市场是文化产业发展的基础,一个运行良好的文化市场可以为文化产业的发展提供强有力的市场支持。我国文化市场刚刚起步,但由于受到多种因素的影响又极不规范,市场秩序比较混乱。国家必须出台相关政策培育文化市场、规范文化市场。文化市场培育方面:首先,要建立各种市场组织,包括从事市场交易的交易组织、从事文化产品交易服务的中介组织等。其次,要引导居民的文化消费行为,形成良好的文化消费习惯。再次,要打破各种行政壁垒,建立全国统一的文化市场,保障文化产品和服务的顺畅流动。最后,努力建立有效运行的市场机制。在文化市场规范方面,首先,要建立文化市场准入制度，严禁各种非法的文化产品和服务进入市场。其次，要建立文化市场有序竞争制度，防止各种不正当竞争行为出现。再次，要建立市场秩序规范制度，防止扰乱市场秩序行为发生。第四，要建立文化市场监管制度，通过政府、行业组织、企业联盟等对企业经营行为进行监管。最后建立文化市场调控制度，采取经济、行政、法律手段调控文化市场。

参 考 文 献

著作类:

1. 安格斯·麦迪森:《世界经济千年史》,北京大学出版社 2003 年版。
2. 巴兰:《增长的政治经济学》,商务印书馆 2000 年版。
3. 池元吉:《世界经济概论》,高等教育出版社 2003 年版。
4. 冯子标:《人力资本运营论》,经济科学出版社 2002 年版。
5. 格罗斯曼、郝尔普曼:《全球经济中的创新与增长》,中国人民大学出版社 2003 年版。
6. 花建等:《文化金矿——全球文化产业投资成功之谜》,海天出版社 2003 年版。
7. 江蓝生等:《中国文化产业蓝皮书》,社会科学文献出版社 2002 年版。
8. 金明善、车维汉主编:《赶超经济理论》,人民出版社 2001 年版。
9. 克鲁格曼、奥伯斯法尔德:《国际经济学》,中国人民大学出版社 1998 年版。
10. 库兹涅茨:《各国的经济增长——总产值和生产结构》,商务印书馆 1999 年版。
11. 联合国计划发展署:《2001 年人类发展报告》,中国财政经济出版社 2001 年版。
12. 林德特:《国际经济学》,经济科学出版社 1992 年版。

13. 刘佑成:《社会分工论》,浙江人民出版社 1985 年版。
14. 卢进勇等主编:《国际服务贸易与跨国公司》,对外经济贸易大学出版社 2002 年版。
15. 马克思、恩格斯:《马克思恩格斯全集》,人民出版社 1958 年版。
16. 马克思:《资本论》第 1 卷,人民出版社 1975 年版。
17. 麦克·费舍斯通:《消费文化与后现代主义》,译林出版社 2000 年版。
18. 迈克尔·托达罗:《经济发展》,中国经济出版社 1999 年版。
19. 麦迪森:《世界经济千年史》,北京大学出版社 2003 年版。
20. 莫世祥:《开放经济的比较优势——珠江口特区群及台湾的实证》,中国时代经济出版社 2003 年版。
21. 祁述裕:《中国文化产业国际竞争力报告》,社会科学文献出版社 2004 年版。
22. 钱纳里等:《工业化和经济增长的比较研究》,上海三联书店、上海人民出版社 1995 年版。
23. 申维辰主编:《评价文化——文化资源评估与文化产业评价研究》,山西教育出版社 2004 年版。
24. 斯密:《国民财富的性质和原因的研究》上卷,商务印书馆 1972 年版。
25. 宋则行、樊亢主编:《世界经济史》,经济科学出版社 1998 年版。
26. 汤敏、茅于轼主编:《现代经济学前沿问题》第 2 集,商务印书馆 1993 年版。
27. 夏炎德:《欧美经济史》,上海三联书店 1991 年版。
28. 谢名家等:《文化产业的时代审视》,人民出版社 2002 年版。
29. 解战原:《当代社会分工论》,中国政法大学出版社 1991 年版。
30. 杨公仆、夏大慰主编:《产业经济学》,上海财经大学出版社 1999 年版。

31. 杨小凯、张永胜:《新兴古典经济学和超边际分析》,中国人民大学出版社 2002 年版。
32. 叶朗主编:《中国文化产业年度发展报告(2003)》,北京大学出版社 2003 年版。
33. 叶取源等主编:《中国文化产业评论》第 1 卷,上海人民出版社 2003 年版。
34. 张二震、马野青:《国际贸易学》,南京大学出版社 2003 年版。
35. 张晓明等:《2004 年:中国文化产业发展报告》,社会科学文献出版社 2004 年版。

论文类:

36. 陈立旭:"论现代文化产业的兴起",转引自文化研究网。
37. 戴维·思罗斯比:"什么是文化资本",《马克思主义与现实》2004 年第 1 期。
38. 丹增:"关于当前大力发展文化产业的理论思考",《光明日报》2003 年 8 月 15 日。
39. 冯子标:"产业选择及其实现途径",《经济学动态》2002 年第 8 期。
40. 冯子标:"打造比较优势发展文化产业",《光明日报》2004 年 11 月 29 日。
41. 郭凯:"谁阻碍了中国富人成为慈善家?",《21 世纪经济报道》2004 年 3 月 1 日。
42. 洪银兴:"比较优势如何成为竞争优势",《光明日报》2002 年 7 月 9 日。
43. 胡大立:"从比较优势到竞争优势——关于欠发达地区产业发展路径的思考",《当代财经》2002 年第 6 期。
44. 胡又欣:"比较优势理论到新贸易理论发展之浅析",《北京工商大学学报》2001 年第 9 期。

45. 蒋新祺:“参与国际竞争必须培育优势产业”,《经济日报》2002年7月1日。

46. 焦斌龙:“简析文化产业发展路径及其选择”,《前进》2003年第7期。

47. 焦斌龙:“文化资源的产权属性演变及其对文化体制改革的启示”,《开发研究》2004年第7期。

48. 冷仁:“法国文化产业为何兴旺”,《中国贸易报》2003年11月25日。

49. 李向民:“精神经济时代的中国文化产业”,《中国文化报》2004年4月2日。

50. 林毅夫、孙希芳:“经济发展的比较优势战略理论——兼评《对中国外贸战略与贸易政策的评论》”,《国际经济评论》2003年第11期。

51. 刘能凯:“比较优势、绝对优势与经济发展”,《贵州财经学院学报》2002年第11期。

52. 罗伯特斯通·霍尔:“什么是文化政策?——一个新兴领域的对话”,参见普林斯顿大学艺术与文化政策研究中心网站:http://www.princeton.edu/artspot/。

53. 孟晓驷:“中外文化产业比较研究”,《光明日报》2003年8月20日。

54. 聂永祥:“服务贸易理论基础:比较优势与竞争优势理论的解释力及实证检验——以产业组织结构变化中的中国转轨时期服务贸易实践为例”,《首都经济贸易大学学报》2003年第12期。

55. 山西文化产业研究中心课题:“山西文化资源评估指标体系及评估方法研究”,郭惠英主持。

56. 汪安佑、潘鸿雁:“创新经济学的构建——对经济增长原因的研究”,中国经济学教育科研网 2003 年 7 月。

57. 汪丁丁:“近年来经济发展理论的简述与思考”,中国经济学教育科研网 2004 年 6 月。

58. 王佃凯:“比较优势陷阱与中国贸易战略选择”,《经济评论》2002 年第 3 期。

59. 王慧炯:“发展文化产业的几点看法”,《国研信息》2002 年 4 月 4 日。

60. 王亭亭:“文化产业的发展走势和时代特征”,《光明日报》2003 年 9 月 9 日。

61. 徐强:“比较优势、竞争优势与中国经济发展战略”,《东北财经大学学报》2003 年第 11 期。

62. 薛晓源等:“文化资本、文化产品与文化制度”,《马克思主义与现实》2004 年第 1 期。

63. 约瑟夫·多尔蒂:“用于全球冒险的文化资本”,《马克思主义与现实》2004 年第 1 期。

64. 杨玛利:“韩国利用文化产业振兴经济”,《中国贸易报》2003 年 3 月 4 日。

65. 永春:“韩国发展文化产业的战略和措施”,《中国文化报》2003 年 8 月 15 日、22 日。

66. 苑捷:“当代西方文化产业理论研究概述”,《马克思主义与现实》2004 年第 1 期。

67. 朱正忻:“新科技推动各国文化资源开发”,《香港经济导报》2003 年 12 月 15 日。

68. 朱钟悧、杨宝良:“试论国际分工的多重均衡量与产业地理集聚”,《世界经济研究》2003 年第 10 期。